Heiner Müller
»Zur Lage der Nation«
Rotbuch Taschenbuch 13

HEINER MÜLLER
»ZUR LAGE DER NATION«

Heiner Müller
im Interview mit Frank M. Raddatz

Rotbuch Verlag Berlin

SOZIALISTIS
HEITSPARTEI
DEUTSCHLANDS

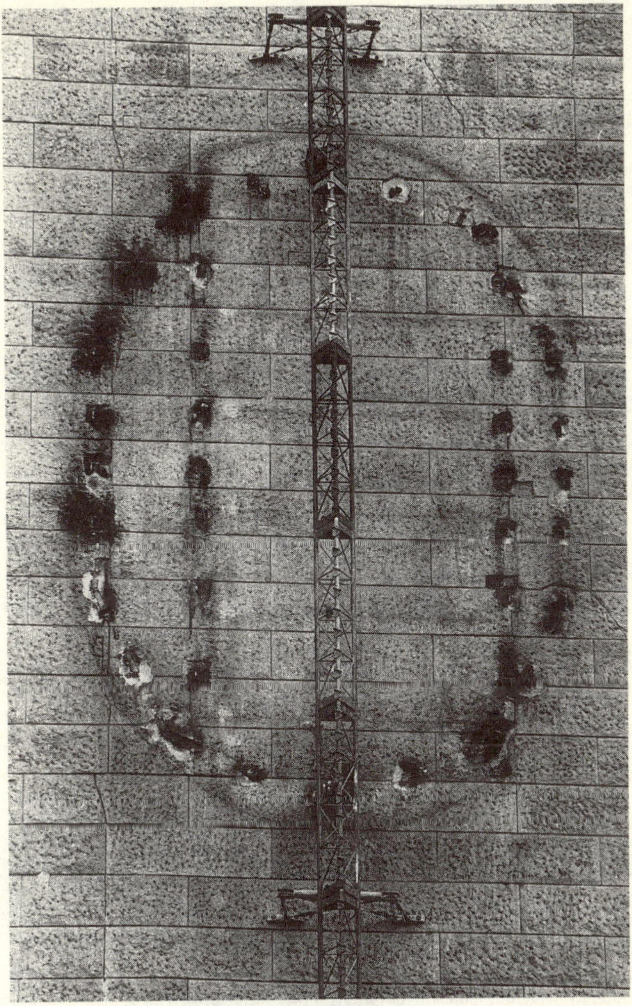

Umschlaggestaltung von Michaela Booth,
unter Verwendung einer Fotografie von Margarita Broich
Gesamtherstellung von Wagner GmbH, Nördlingen

ISBN 3 88022 023 9

Inhalt

Dem Terrorismus die Utopie entreißen

Alternative DDR

Heiner Müller, nachdem Gorbatschow das Rad der Geschichte wieder in Schwung gebracht hat, schütteln immer neue Krisen die Sowjetunion. Ungarn und Polen steuern Westkurs, und die DDR löst sich aus der stalinistischen Versteinerung. Setzt der Engel der Geschichte jetzt zum Rückflug in den Kapitalismus an, oder hat sein Flügelrauschen für Sie einen utopischen Klang?

Letzteres. Gorbatschow hat das Prinzip der Beschleunigung in die Realität des Sozialismus eingeführt, also in einen Apparat, der auf Verlangsamung gerichtet war. Da ist es nun mal nicht zu vermeiden, daß einem auch ein paar Teile um die Ohren fliegen, wenn man in einen höheren Gang schaltet. Dieses Risiko muß man eingehen, wie in Polen und Un-

garn. Deshalb hat die SED-Führung ja auch so lange gezögert, überhaupt etwas zu unternehmen.
Der historische Prozeß, der jetzt im Ostblock einsetzt, läuft auf die Trennung der Kommunisten von der Macht hinaus. Eine interessante Perspektive. Auf dem S-Bahnhof Warschauer Straße in Ost-Berlin steht an der Pißwand: »Wie kann die Partei die Faust ballen, wenn sie die Finger überall drin hat.«
Diese Partei produziert keine Theorie, keine Entwürfe mehr. Sie hat also keine Utopie mehr, denn die ist von der Praxis aufgefressen worden.
In der Möglichkeit der Trennung der kommunistischen Partei von der Macht aber liegt die große Chance, dem Terrorismus die Utopie zu entreißen.
Der Terrorismus ist der einzige Mönchsorden, der zur Zeit Utopie besetzt, sie gleichzeitig aber auch verheizt. Und wenn die kommunistische Partei von der Macht getrennt wäre, könnte es wieder einen Mönchsorden geben, der die Utopie nicht den Terroristen überlassen würde.
Das Modell Che Guevara, seine Devise: »Schafft ein, zwei, viele Vietnams!«, hatte im Kaufhausbrand ein Mittel praktischer Solidarität für Europäer gesehen. Aber mittlerweile sind individueller, Gruppen- und Staatsterrorismus als politisches Mittel auf dem gleichen Niveau angelangt, und wenn man an die Todesschwadronen in Südamerika denkt, muß man sagen: Der Terrorismus gehört zum strategischen Arsenal der Rechten. Die Vorgänge in Kolumbien haben vielleicht einen anderen sozial-politischen Hintergrund – da ist der Terrorismus Mittel im Kampf ums Überleben. Der Handel mit Drogen ist für die Bevölkerung die einzige Futterkrippe, und die will man ihr jetzt nehmen.

Eröffnet sich in dieser historischen Perspektive auch die Möglichkeit einer deutschen Wiedervereinigung, oder, anders gefragt, warum sind sich SED-Führung und Opposition so erstaunlich einig, diese Frage stünde nicht auf der Tagesordnung?

Das Grundproblem im Verhältnis der Systeme, also der beiden deutschen Staaten, liegt darin, daß im Osten die Verlangsamung herrscht und im Westen die totale Beschleunigung. Mir geht es darum, wie man aus der Verlangsamung eine Qualität macht – das ist im Kapitalismus undenkbar. Diese Differenz, das Andere zum Kapitalismus, muß man finden und ausbauen.

In Ungarn hat man diese Vorstellung schon aufgegeben. Das wird ein zweites Österreich, und Polen möchte England werden – Margaret Thatchers Kronkolonie, nur mit einer anderen Religion. Aber wenn man sich über die Geschäfte einig ist, kriegt man die Kirche auch noch hin.

Solche Möglichkeiten gibt es für die DDR nicht.

Die DDR kann nur existieren, wenn sie etwas anderes, Eigenständiges ist. Sie muß ihre Struktur aus den eigenen Reserven heraus revolutionär verändern, sonst würde sie an die Bundesrepublik zurückfallen.

Eine Wiedervereinigung liegt auch überhaupt nicht im Interesse der Bundesrepublik, denn die Bundesrepublik möchte doch die DDR als Billiglohnland vor der Haustür behalten. Sie verabreicht der DDR immer wieder Millionenspritzen, um sie am Leben zu erhalten. Auch die Arbeitskraft der Flüchtlinge wäre langfristig günstiger zu haben, wenn sie in der DDR blieben. Die Massenflucht ist nur kurzfristig ein günstiges Geschäft. Deswegen unterstützt die Bundesrepublik auch den Schrei nach Reformen in der DDR, weil sie weiß, dieses Billiglohnland bleibt kein Billiglohnland, wenn sich da nichts verändert. Nur bitte nicht zuviel. Die Industrie kann nicht daran interessiert sein, das Ergebnis des Zweiten Weltkriegs – die Gesundschrumpfung des kapitalistischen

Deutschlands auf seinen industriell potenten Kern – zu gefährden. Denen tut es jetzt fast schon leid, daß sie immer auf die DDR geschimpft haben.

Sie sprechen von der Notwendigkeit »revolutionärer Veränderungen« in der DDR. Aber auch die DDR ist Produkt des Zweiten Weltkrieges, den »Sozialismus auf deutschem Boden« hat die Rote Armee installiert. Verfügt die deutsche Linke über Ressourcen, um einen tragfähigen revolutionären Prozeß zu initiieren? Das würde bedeuten, vom Objekt der Geschichte zu deren Subjekt zu werden ...

Wenn man die Bewegung der revolutionären Energien in Deutschland begreifen will, muß man sehr weit zurückgehen. Donaso Cortéz, ein spanischer Diplomat und katholischer Royalist, war 1848 während der Revolution in Deutschland. Diese Revolution war der Versuch, Anschluß an Europa – an England und Frankreich – zu gewinnen, und sie scheiterte in einem nationalen Kompromiß. Der dann fast zwangsläufig zur Militarisierung der revolutionären Energien führte, woraus sich auch die Dynamik der deutschen Kriegsmaschine erklärt. Nach dem Scheitern der Revolution in Deutschland hielt Cortéz eine Rede in der Universität von Salamanca – zur Lage Europas. Eine seiner Thesen war, daß nach dem Scheitern der Revolution in Deutschland die nächste Revolution nicht in London, sondern in Petersburg stattfinden werde. Und daraus würde die Hauptgefahr für Europa entstehen: nämlich die Allianz zwischen Slawentum und Sozialismus. Cortéz setzte das gleich mit dem Untergang Europas, denn er glaubte nicht, daß die Slawen für Europa etwas sein können wie die Germanen für Rom, also eine Bluttransfusion. Die Slawen besäßen keine integrierende Kraft; sie werden integriert, bevor sie andere integrieren kön-

nen. Aus dieser Allianz würde ein verwesender Gesamtkadaver entstehen.
Natürlich war Cortéz als Royalist Gegner von Marx. Aber Marx selbst hatte denselben Alptraum: daß sein Entwurf zuerst in Rußland realisiert werden könnte. Schon 1848 wurden die Grundlagen gelegt für die Kanalisierung der revolutionären Energien in die Kriegsmaschinerie und dafür, daß der Sozialismus in einem unterentwickelten Land, Rußland, probiert wurde.
Das Scheitern von 1848 aber hängt mit dem Scheitern der ersten deutschen Revolution – den deutschen Bauernkriegen – zusammen. Als ich die Anmerkung von Brecht zur *Courage* las, hatte ich sehr große Schwierigkeiten mit seiner Formulierung: »... in den Bauernkriegen, dem größten Unglück der deutschen Geschichte«. Ich war bis dahin immer davon ausgegangen, daß Revolutionen grundsätzlich etwas Gutes sind – wie sollten da die Bauernkriege »das größte Unglück der deutschen Geschichte« sein?
Natürlich ist Brechts These sehr einleuchtend. Die Bauernkriege waren eine zu frühe Revolution, deswegen konnte das Potential für Jahrhunderte zerschlagen werden. Oder, wie Brecht es formuliert hat, der deutsche Nationalcharakter ist damals zermahlen worden. Dann kam der Dreißigjährige Krieg, und da ging der Rest kaputt. Denn diese Katastrophen sind ja immer eine negative Selektion: Wer das Maul aufmacht, stirbt als erster, und übrig bleibt eine geduckte Masse. Seit dieser zu frühen Revolution herrscht in Deutschland die Tendenz zur Verspätung, kommt in Deutschland immer alles zu spät. Und die Verspätung bedingt es auch, daß sich die Energien nur noch in der Katastrophe entladen können.
Was in der DDR passiert, muß ein revolutionärer Prozeß werden, der kann nicht evolutionär bleiben. Das ist eine realistische Hoffnung, denn die Ausgangsbedingungen sind wesentlich günstiger als in der Sowjetunion. Deren riesige

Landmasse ist zentral überhaupt nicht zu regieren, deshalb bricht sie jetzt in ihre Teile auseinander. Dagegen ist die DDR eine der kleinsten Landmassen Europas. Und im Verhältnis zum Territorium ist das intellektuelle linke Potential sehr viel größer als in der Sowjetunion. Der DDR fehlte auch die Zeit, die linke Intelligenz dermaßen zu paralysieren, zu deformieren und zu liquidieren wie in der Sowjetunion während der Stalin-Zeit.

> *Stalin hat das Antlitz des Sozialismus deformiert. Gorbatschow hat die Entstalinisierung von Theorie und Praxis, Ökonomie und Politik eingeleitet. Andererseits ist doch die These, daß nicht Individuen, sondern historische Gesetzmäßigkeiten die Geschichte bestimmen, ein unverzichtbarer Bestandteil des Marxismus.*

Das Entscheidende ist doch, daß politische und ökonomische Kategorien nicht länger voneinander getrennt werden dürfen.
Der Hauptproduktionszweig in stalinistischen Strukturen ist die Produktion von Staatsfeinden; die hat im Stalinismus Vorrang vor der Schwerindustrie.
Die DDR hat so viele Staatsfeinde produziert wie selten ein Staat. Das hat auch einen philosophischen Aspekt.
Während unter Demokratie im tradierten Sinne die Herrschaft von Gesetzen verstanden wird, hat das zu frühe sozialistische Experiment in Rußland zur Herrschaft von Menschen geführt. Die Kehrseite des Personenkultes ist die Produktion von Staatsfeinden; das heißt: Der Mensch steht auch insofern im Mittelpunkt, als er total zerstört werden muß, damit das System stabil bleibt. Goethe war unter diesem Aspekt Ur-Stalinist: »Der Mensch muß wieder ruiniert werden«; erst dann kann er neu zusammengesetzt und aufgebaut werden.

In der DDR brüstete sich Ulbricht damit, daß er die Schauprozesse verhindert hat: »Bei uns kam Berija nicht zum Zuge.« Das ist eine nackte Lüge. Stalin selbst war es, der diese Prozesse in der DDR aus strategischen Gründen abgeblasen hat. Es war einfach unklug, in einem geteilten Land genauso vorzugehen wie zum Beispiel in Ungarn. Ulbricht ist es dennoch gelungen, die Opposition zu beseitigen, sie klammheimlich zu entmachten und totzuschweigen. Ich lese gerade einen Text über Schauprozesse in Osteuropa, und es ist schon makaber, wenn man die Namen von Leuten nicht kennt, die für die DDR einmal eine große Bedeutung hatten.

Die Ausgrenzung der Opposition in der kommunistischen Partei geht doch auf Lenin zurück, der angesichts von Kronstadt die Fraktionenbildung verbot.

Damit war die Erstarrung, war Stalin vorprogrammiert – nicht nur ein politischer, sondern auch ein großer ökonomischer Fehlgriff. Denn die Erstarrung führte zur knirschenden Verlangsamung in allen Lebensbereichen. Wenn man keine Fraktionen bilden darf, bekommt man auch kein Taxi, das ist nur logisch. Denn wenn man die Konkurrenz als Motor im ökonomischen Bereich ausschaltet, braucht man eine politische Entsprechung dafür im Ideologischen. Deshalb ist die Reihenfolge von Glasnost und Perestroika zwingend. Ohne Glasnost keine Perestroika. Das mit Gewalt mißachtet zu haben war der chinesische Irrtum, und es war auch der Irrtum der DDR-Führung bis zum 8. Oktober.

Das bedeutet, daß die ökonomische Ineffektivität der Planwirtschaft im Zuge der Perestroika zum politischen Faustpfand der DDR-Bevölkerung wurde.

Genau. Ökonomische Reformen sind jetzt wesentlich.

Der bisherige Burgfriede in der DDR basierte doch darauf, daß zwei Stunden gearbeitet, aber acht bezahlt wurden. Man zahlte kaum Miete, und die Grundnahrungsmittel sind billig. Dafür hielt man das Maul. Das ist natürlich furchtbar ineffektiv. Und es wird zunächst einen großen Schock auslösen, wenn man plötzlich nicht mehr für zwei Stunden Arbeit acht bezahlt bekommt.

Günter Mittag hat die DDR-Wirtschaft verwaltet wie ein Rittergut. Solche Strukturen müssen natürlich zerschlagen werden. In der DDR-Wirtschaft müssen auch marktwirtschaftliche Aspekte zum Tragen kommen. Ein italienischer KP-Funktionär hat völlig zu Recht kritisiert: »Speiseeis vom Staat ist einfach Wahnsinn!«

Das bedeutet ja nicht, daß die planwirtschaftlichen Strukturen aufgegeben werden müssen. Man muß nur in eine lange Phase von Experimenten eintreten, Experimente, bei denen es auch zu Fehlschlägen kommen wird. Es ist die Arbeit mindestens einer Generation.

Unabhängig von der Person Krenz war es richtig, daß er zuerst mit den Arbeitern gesprochen hat. Noch entscheidender war, wie die Arbeiter mit ihm sprachen. Sie behandelten ihn nicht im geringsten als Autorität, wie sie Honecker behandelt hatten. Die werden ihre Hände so lange nicht bewegen, bis man mit ihrem Kopf in Berührung gekommen ist. Und ihr Vorteil ist, daß sie die DDR viel besser kennen als die Führung.

Bei diesem Dialog zwischen Bevölkerung und Führung kommt es darauf an, daß die Differenz zum Kapitalismus ausgebaut wird – auch wenn es an der Oberfläche noch anders erscheint. Eine Struktur wie die DDR kann nicht ohne Vergangenheit existieren, und ohne Vergangenheit gibt es keine Zukunft. Die Toten bleiben jung. Daraus entsteht ein Zwang, die Leichen auszugraben, wozu es zum Beispiel in der Bundesrepublik überhaupt keine Notwendigkeit gibt.

Aber in der DDR ist es schon ökonomisch eine Notwendigkeit, daß die SED Selbstkritik übt – sonst gibt es keinen Dialog. Die Leichen müssen aus dem Keller, sonst kann nicht effektiv gearbeitet werden.

Sicherlich wäre eine pluralistische und ökonomisch reichere DDR ein großer Fortschritt. Andererseits sind die Schattenseiten der hochindustrialisierten Gesellschaften zu gut bekannt, als daß damit irgendwelche Utopien assoziiert werden könnten.

Die DDR muß einfach die Alternative werden, sonst wäre das europäische Haus ja eine todlangweilige Angelegenheit. Dann gäbe es als Alternative nur noch den Terrorismus und die Mafia, und das ist beides auf die Dauer schlecht für die Seele.

Bislang war die DDR nur die Negativfolie der Bundesrepublik, der Sozialismus ein Negativ des Kapitalismus. Bei uns gibt es keine Sozialangst, deswegen arbeiten die Menschen nicht. Im Kapitalismus herrscht negative Motivation: Wer nicht arbeitet, krepiert oder kann die Miete nicht bezahlen. Das ist eine mächtige Motivation, die schon seit Jahrhunderten ihren Zweck erfüllt und auch weiter funktionieren wird. In der DDR muß man jetzt eine positive Motivation entwikkeln. Sicherlich muß man auch einige negative einbauen, aber die Struktur kann nur über eine positive Motivation funktionieren. Dazu gehört die Aufarbeitung von Geschichte. Im Westen kann Geschichte nur als Bedrohung gedacht werden: die Bundesrepublik als arabisches Emirat, wo die Deutschen auf den Plantagen arbeiten und in den Bordellen die Mülleimer ausleeren.

Geschichtsbewußtsein ist die Voraussetzung dafür, daß ökonomische von politischen Kategorien nicht mehr getrennt werden. Dann wäre auch ein neuer Begriff von Industrie zu

entwickeln. Im Kapitalismus funktioniert Industrie über die partielle Verwertung des Menschen und seiner Arbeitskraft, nach dem Muster: Von diesem brauchen wir den rechten Arm, von jenem den rechten Fuß, von dem die Ohren. Die Struktur des Anderen, die bislang nur gedacht, utopisch ist, ist auf die totale Verwertung des Menschen angewiesen. Ohne die totale Verwertung, die bislang nur als Unterdrükkung stattgefunden hat, gibt es keine Befreiung.
Wichtig ist nur, wie die Differenz zwischen partieller und totaler Verwertung ökonomisch gestaltet und durchgehalten werden kann. In der anderen Struktur kann keine Industrie betrieben werden, die nicht mit dem Bewußtsein der Menschen umgeht. Also ist dieser blöde Slogan *Der Sozialismus braucht den ganzen Menschen*, der bisher nur negativ, als Vernichtung, also als Perversion, angewandt wurde, die Voraussetzung der Befreiung, aus der sich ein ganz anderer Umgang mit Welt und Technik ergeben wird.

Auf Utopie ist die westdeutsche Linke ja geradezu abonniert. Können Sie sich vorstellen, daß von der West-Linken wichtige Impulse für den Prozeß in der DDR ausgehen werden?

Ich war neulich bei einer Diskussion Westberliner Linker, die sich Gedanken machten, wie man der DDR-Opposition helfen kann. Das ist alles sehr rührend, klingt aber immer wie Hilfe für Afrika. Einer der Diskussionsteilnehmer glaubte zum Beispiel, daß der Opposition in der DDR mit Informationen zu helfen ist, wie Parteien gegründet werden könnten. Das setzt ja voraus, daß hier gewußt wird, wie Parteien aussehen sollten. Da ist eine Naivität und eine Unkenntnis der Verhältnisse der DDR im Spiel, die ans Groteske grenzt. Denn im Klartext bedeutet das doch: »Von der Bundesrepublik lernen heißt siegen lernen.«

Es wird dabei völlig übersehen, daß die DDR-Bevölkerung im Durchschnitt viel informierter ist als die westliche. Da unsere Medien so steril waren, gibt es einen Hunger nach Informationen, der die DDR-Bevölkerung jede politische Sendung des Westfernsehens verfolgen ließ, das tut im Westen doch nur eine Minderheit.
Im Moment hat es den Anschein, als würde die DDR '68 nachholen. Sicherlich hat man von den Formen gelernt – Demonstrationen, Sit-ins. Aber '68 war eine Studentenrevolte im Dienste der Industrie. Das hat Pasolini als erster erkannt, als er die Studenten als verwöhnte Söhne der Bourgeoisie kritisierte und für die Polizisten Partei ergriff, weil es Arbeiterkinder sind. Bei Pasolini war das sehr emotional und unreflektiert, aber wenn man die Analyse Foucaults hinzuzieht, daß es die eigentliche Funktion der Studentenbewegung war, die Universitäten entsprechend den neuen Bedürfnissen der Industrie zu verändern, macht die These einen Sinn. Heute funktionieren die '68er, oder sie saufen und nehmen Drogen.

Die '68er sind angetreten, die Gesellschaft zu verändern. Und heute sitzen viele von ihnen als Beamte in den Universitäten und predigen die Wissenschaftlichkeit, also die Objektivierung des Menschen.

Die Staaten Osteuropas, allen voran die DDR, haben ja immer versucht, störungsfrei zu sein. »Wir sind störungsfrei, aber der Kapitalismus ist störanfällig«, hieß die Botschaft. Das Gegenteil ist richtig, und das ist ein Vorteil.
Der Sozialismus wird immer störanfällig bleiben. Die Schwerkraft der Massen ist das Korrektiv der Politik, und nicht, wie im Westen, ihre Bedingung.
Das hält die Strukturen lebendig und im Fluß, während das Ergebnis von '68 ist, den Menschen, die Subjektivität, auszu-

schalten, um ihn störungsfrei zu machen, damit er schneller, reibungsloser für die Zwecke der Industrie genutzt werden kann. In unserem System wird der Mensch immer stören, und diese Störung ist das Wesentliche.

Zu '68 gehört ja auch die Therapiewelle. Störungen beheben ...

Bei uns ist Psychologie ja sehr viel niedriger angesiedelt. Brodsky beschreibt in seinen Erinnerungen *Less than one*, wie sich die Schüler in Rußland kurz vor dem Zweiten Weltkrieg unter dem Tisch heimlich Texte von Freud zusteckten. Das war verboten, das war etwas Westliches. Und dann stellten diese 16- bis 17jährigen zu ihrer Verblüffung fest, daß sie das überhaupt nichts angeht. Denn sie empfanden sich »less than one«, »weniger als einer«, und was Freud beschreibt, gilt immer nur für einen, für ein Individuum. Sie aber hielten sich nicht für Individuen. Brodsky meint das kritisch, aber ich denke, man kann es auch als Errungenschaft oder zumindest als Möglichkeit begreifen.
Auf diesem Begriff von Individuum oder der Vereinzelung im Westen beruht vielleicht auch die Utopie der '68er: Alles muß störungsfrei werden. Sie haben ja auch die Realität des Sozialismus einfach verabschiedet oder verdrängt, anstatt konkret zu analysieren, was wann wo und warum schiefgelaufen ist.

Aber es ist doch auch völlig unsinnig, Bloch zu lesen, ohne zu analysieren, warum das Prinzip Hoffnung *in der Realität gescheitert ist.*

Natürlich ist die Bewegung in der DDR nicht frei von Blauäugigkeit. Mir wird auch etwas mulmig, wenn ich sehe, daß die Straßen mit Kerzen voll sind. Aber die Kirche konnte einfach Phantasieräume besetzen, die durch eine dilettantische Praxis vakant geworden waren. Der Einfluß der Kirchen in Polen und der DDR rührt daher, daß den Leuten vom Staat immer nur Klischees aufgedrückt wurden, die ständig der Erfahrung widersprachen. Es gab nie eine marxistische Pädagogik, sondern immer nur stalinistische Theologie. Die Parteipropaganda oder -pädagogik ist nie aus der Religiosität herausgekommen. Es wurden immer materielle Ziele angeboten – in fünf Jahren überholen wir Westdeutschland, oder so ähnlich –, die dann nie erreicht worden sind. Dagegen kann die Kirche eine wirkliche Utopie anbieten, denn die Transzendenz ist nicht widerlegbar. Man kann sie erst überprüfen, wenn man tot ist, bloß, dann kann man nicht mehr eingreifen. Was gefehlt hat, sind konkrete Analysen der Lage.

Die aber in der Kunst zumindest vorlagen. Sie selbst haben 1987 zur allgemeinen Überraschung Ihr Stück Der Lohndrücker, *verfaßt in den fünfziger Jahren, hervorgekramt und am Deutschen Theater in Ostberlin inszeniert. Das beschrieb die aktuelle Situation doch ziemlich trefflich.*

Bloß ist das überhaupt nicht die Aufgabe der Kunst. Viele Texte der jüngeren Sowjetliteratur haben sich mit aktuellen Problemen, mit Miseren und skandalösen Vorgängen beschäftigt. Jetzt brauchen sie das nicht mehr, denn das greift inzwischen die Presse auf. Durch diesen Prozeß wird Literatur wieder frei, sich ihrer eigentlichen Aufgabe zu widmen: die Wirklichkeit, so wie sie ist, unmöglich zu machen. Brecht schrieb in *Die Maßnahme:* »Saßen wir doch / noch hinter zerfallender Tür / beratend / die Geschicke der Welt.« Das ist der Maßstab oder der Anspruch, der niemals fallengelassen werden darf, selbst wenn das Haus zusammenbricht.

Es gibt eine sehr interessante Anmerkung von Carl Schmitt: »Hamlet ist der Mehrwert der Tragödie.« Das hat, ins Volkstümliche übersetzt, eine sehr makabre Note. Denn dann heißt es: »Sie sind nicht umsonst gestorben« – der übelste Spruch, den wir kennen. Und das ist ja nur die negative Seite dessen, was immer vergessen wird: daß revolutionäre Bewegungen nur aus Niederlagen lernen. Jede Niederlage ist eine Erfahrung. Deswegen ist die sozialdemokratische Haltung so unheilvoll, denn sie will um jeden Preis Kollisionen verhindern. Diese Angst vor dem Tragischen beschwört die Katastrophe. Natürlich ist die Geschichte des Sozialismus in diesem Jahrhundert die Tragödie des Jahrhunderts.

... während im Westen der Sinnverzicht im großen Stil eingeübt wird, die Ästhetik des Vergessens.

Die Urformel der Postmoderne ist das, was Goethe als Ursünde begreift. Also zum Augenblick zu sagen: »Verweile doch! du bist so schön.« Das Erstaunliche an der Denkleistung Baudrillards ist doch, wie er all diejenigen verdrängt, die nicht im Paradies leben. Alles, was nicht in diesen Denkstil paßt, wird weggedacht. Wegdenken als Sport. Das ist das Schöpferische dieser Haltung. Was man will, ist die ewige Gegenwart, damit Geschichte und Zukunft mit Gegenwart besetzt werden können. Das ist Dummheit oder Angst, oder beides. Natürlich darf Kunst nicht reaktiv sein. Malraux hat das sehr schön formuliert: »Der Künstler ist nicht jemand, der die Welt transkribiert – er ist ihr Rivale.« Das wird tagtäglich abtrainiert. Die Industrie kann Kunst nicht verwerten, deshalb treibt sie sie aus. Irritationen stören nur, und der Kapitalismus läßt nur zu, was er gebrauchen kann.
Auch Grübers *Danton*-Inszenierung ist eine sehr interessante Antwort auf dieses Problem. Dem Publikum wird das Stück entzogen. Den Leuten wird die Revolution verweigert, und

das macht sie natürlich sauer. Der gegenwärtige Trend ist doch, daß die Kosten, also die Toten, in der Verpackung verschwinden.

Und wie reagiert der Schriftsteller Müller auf die jüngsten Entwicklungen in der DDR?

Ich bin zunächst sehr froh, daß die Leute sich bei uns jetzt endlich artikulieren. Ich war fünfzehn Jahre Sprachrohr und werde mich hüten, jetzt, wo die Leute endlich selbst sprechen, dazwischenzuquasseln.
In der DDR wird jetzt die Presse neu erfunden, das hat für die Literatur dieselbe Bedeutung wie die Erfindung der Fotografie für die Malerei: Erst mit der Fotografie konnte die Malerei autonom werden.
Jetzt kann die Literatur auch bei uns autonom werden, sie muß nicht mehr dokumentieren. Jetzt kann die nationale Vergangenheit aufgearbeitet werden, nicht dokumentarisch, sondern mit, wenn man so will, mythologischer Genauigkeit. In der Literatur geht es um die Strukturen, und nicht um die Erscheinungen. Und bei der Geschwindigkeit, die die Entwicklung im Augenblick hat, ist es unmöglich, mit Literatur oder einer Inszenierung unmittelbar einzugreifen.
Also kann ich mich nur noch als sympathisierender Zuschauer einbringen, nicht als Autor oder Regisseur. In der Revolution gibt es keinen Platz für Kunst und Literatur. 1871 schrieb Flaubert an Turgenjew: »Ich habe immer versucht, in einem Elfenbeinturm zu leben, aber ein Meer von Scheiße schwappt an seine Mauern.« Vielleicht ist jetzt wirklich eine gute Gelegenheit, sich in den Elfenbeinturm zurückzuziehen, denn diesen Prozeß mit Literatur begleiten zu wollen wäre lächerlich.

Heiner Müller als zukünftiger Politiker?

Neulich sagte ein Taxifahrer in der DDR zu mir: »Gorbatschow ist ein guter Mann. Ich bin kein Kommunist, aber er ist der erste kommunistische Staatsmann, der sagt, was wir seit vierzig Jahren wissen.« Das ist ein Informationsvorsprung, der aus Erfahrung kommt, und der hebelt eigentlich Politik aus. Damit entfällt das Berufsbild des Politikers. Das Ende der Politik wird sichtbar über das Ende des Politiker-Berufs. Die Realität ist doch durch die Ideen so deformiert; jetzt muß endlich die Erfahrung, die Realität zum Zuge kommen. Und mit den Ideen muß man sich auch von den Politikern verabschieden.

Es ist eine Zeit, wo man die Lehre vergraben muß, wie Brecht sagen würde, möglichst tief, damit die Hunde nicht herankommen. Bis man sie wieder ausgraben und einer neuen, veränderten Realität aussetzen kann. Die Befreiung der Toten findet in der Zeitlupe statt.

Stirb schneller, Europa

Es ist noch gar nicht so lange her, da verstand man unter »Europa« grundsätzlich nur die westliche Hälfte des Alten Kontinents. Inzwischen bedient man sich zunehmend der Vokabel vom »Gemeinsamen Haus Europa«, um der Realität in Ost und West gerecht zu werden. Kaum jemand spaziert so ausgiebig durch die beiden Flügel dieses »Hauses« wie Sie – Heiner Müller, der Europäer par excellence?

Ich bin ein schlechter Europäer, schon deshalb, weil ich mich nur auf englisch verständigen kann, alles andere wird dann schon sehr mühsam. Wer diesen schönen Slogan vom »europäischen Haus« geprägt hat, weiß ich leider nicht; doch ich bin neulich in einem Text von Carl Schmitt zu Hitlers Völkerbundrede auf diese Formulierung gestoßen. Da zitiert

Schmitt seinen »Führer und Reichskanzler Adolf Hitler«, und der spricht vom »europäischen Haus«. Mich erinnert das sehr stark an die deutsche Wiedervereinigungsdebatte. Deutschland gibt es ja immer nur, wenn es gegen andere geht, gegen die Franzosen zum Beispiel. Und womöglich liegen die Dinge bei dieser »Europa«-Idee gar nicht so anders. Historisch gesehen gibt es dieses eine Europa überhaupt nicht. Anläßlich der Verleihung des, auch so eine Neuerung, europäischen Filmpreises an Krisztof Kieslowski für seinen *Kurzen Film über das Töten* sagte der Regisseur Zanussi in einem Interview etwas sehr Interessantes: Er freue sich, daß ein polnischer Film diesen Preis erhalten hat, weil dadurch dokumentiert werde, daß Polen zu Europa gehört. Und dann sagte er, daß es zweierlei Europa gibt – ein von Byzanz geprägtes und ein anderes, das sich von Rom herleiten läßt. Schon wegen des Katholizismus gehöre Polen zum »römischen« Europa, während etwa Rußland und ganz Südosteuropa der byzantinischen Kultur zuzuordnen seien. Die Grenze fließt irgendwo durch Ungarn. Das ist eine wichtige Voraussetzung für jedes Nachdenken über Europa, und viele Mißverständnisse zwischen Ost und West resultieren aus der mangelnden Kenntnis dieser historischen Tatsache.
»Europa«, so wie es heute diskutiert wird, ist eine rein ökonomisch motivierte Kampagne. Wie die »Republikaner« in Berlin zum Zuge gekommen sind, weil sie gegen Ausländer gehetzt haben, benutzt man die europäische Idee, um den Deutschen Wurst zu verkaufen, die den Lebensmittelvorschriften in der Bundesrepublik nicht entspricht.

Aber, vom Westen her gesehen, beschwört die Europaidee einen geistigen Zusammenhang – intellektuelle Euphorie oder Reminiszenz an bessere Tage.

Da muß man wohl in der Geschichte ein Stück zurückgehen. Seit Hiroshima sind militärische Kategorien nicht mehr relevant; es zählen allein ökonomische, und deshalb hat zwar nicht Deutschland, aber doch die Bundesrepublik den Krieg gewonnen. Wobei das Resultat gegenläufig zur Intention ist: Das Kriegsziel war orientiert an Expansion, an der Eroberung von Großräumen; das Ergebnis ist die Gesundschrumpfung des deutschen Territoriums auf seinen ökonomisch potenten Kern – die Bundesrepublik.

Der Kampf um die Neuaufteilung von Großräumen läßt die Gegenkräfte wachsen, die auf Regionalisierung drängen – das gilt für alle Großräume einschließlich der Sowjetunion. Je weiter die Kolonialreiche abgebaut worden sind, desto deutlicher äußert sich die Rache der Kolonisierten. Westeuropa wird von innen aufgefressen; die Flutwelle der Dritten Welt schlägt über Europa zusammen. London oder Paris verwandeln sich immer mehr in kleine Abbilder von New York, mit riesigen Gettos für andere Rassen.

Diese innere Aushöhlung Westeuropas hat ihre Analogie im Untergang des Römischen Reiches, das schließlich schrittweise von den Sklaven übernommen wurde. Heute haben die Gastarbeiter und Immigranten in den Metropolen denselben Status wie die Sklaven im alten Rom – bis hin zur Gesetzgebung. Die Sklaven genossen keinerlei Menschenrechte – Aristoteles definiert sie als »sprechende Werkzeuge« –, und auch für die »Gastarbeiter« gelten keine Menschenrechte. Was also von Europa übrigbleibt, ist die internationale Solidarität des Kapitals gegen die Armut.

So wird Europa zu einem Begriff der Sozialhygiene, denn man macht Armut immer mehr zu einem Problem der Hygiene. Wo da der geistige Gehalt Europas bleiben soll, ist mir schleierhaft – es sei denn, man schreibt dem Geld eine Seele zu. Das könnte Gegenstand längerer philosophischer Debatten sein – auf jeden Fall hat das Kapital eine Libido. Die

Seele des Geldes wird man wohl eines Tages auch noch finden. Wahrscheinlich tritt sie um so stärker in Erscheinung, je mehr man es zusammenhalten muß.

Ohne Geld ist das Abendland, seine wissenschaftliche Rationalität, die die technischen Voraussetzungen für den Imperialismus geschaffen hat, doch gar nicht denkbar.

Klar, Europa ist eine Geldfrage. Spengler hat diese schöne, präfaschistisch-romantische Formel geprägt: »Nur Europa hat den Willen zur Macht in der Technik.« Ein blinder Wille, den man zum Beispiel in Asien gar nicht kennt. So berichtet der chinesische Philosoph Dschuandse, wie er einmal einen Bauern traf, der eimerweise Wasser aus einem Fluß holte und es auf sein Feld schleppte, um seinen Reis zu begießen – obwohl dort ein Ziehbrunnen stand. Der Philosoph fragte den Bauen, warum er nicht den Ziehbrunnen benütze, was doch ein viel geringerer Aufwand wäre. Da lächelte der Bauer nur asiatisch und sagte: »Der Ziehbrunnen ist eine Maschine, und Maschinen verwirren die Seele.«
Solange der Brunnen funktioniert, wird man ihn benutzen. Aber es besteht ja die durchaus berechtigte Hoffnung, daß demnächst nicht einmal ein Ziehbrunnen mehr Wasser fördern wird, weil das Grundwasser fehlt. Und die historische Pointe dieser beiden – der asiatischen und der europäischen – Haltungen zur Technik ist, daß zur Zeit Verhandlungen mit dem Ziele stattfinden, den westeuropäischen Müll in Westafrika zu deponieren. Europa, dieser »Popel aus einer Konfirmandennase«, wie es bei Benn heißt, produziert mehr Müll, als es fassen kann. Das ist eine europäische Grundsituation. Hamlet erstirbt fast vor Bewunderung über die kleine, schlagkräftige Armee, mit der Fortinbras nach Polen zieht und da um ein Stück Land kämpft, das zu klein ist, um

die Leichen der Kämpfenden zu fassen. Heute kann Europa, der Kopf der Welt, die eigene Scheiße nicht mehr fassen, verteilt seine Exkremente über den Erdball und verwandelt sich so in den Arsch der Welt.
Im Gegensatz zu Asien konnte man in Europa niemals bodenständig denken, weil der Boden, das Territorium stets zu klein war. Europa ist ein so winziges Gebiet, daß man immer nach Auswegen suchen mußte: zunächst in anderen Erdteilen, das war der Imperialismus, später im Weltall, mit der Raumfahrt. Dabei sind, schon der Herkunft des Personals wegen, die USA eine Parodie Europas, und diese Parodie wendet sich heute immer stärker von Europa ab und Asien zu. Los Angeles löst allmählich New York – und damit die europäische Ausrichtung der Ostküste – ab, und Los Angeles ist eine der größten asiatischen Städte der Welt. Reagans Kalifornien ist Asiens Landebahn in Amerika.
Für die amerikanische Politik ist die Hinwendung nach Asien primär, und Europa ist nur noch lästig. Nur aus Angst, es ganz den Russen zu überlassen, hält man hier noch einige Festungen.
Das eigentliche Phänomen ist natürlich Japan, und das nicht nur für die Amerikaner. »Der Individualismus ist die Barbarei«, heißt es – durchaus fragwürdig – bei Flaubert. Die momentane Überlegenheit der Japaner beruht sicherlich auch darauf, daß sie so etwas wie Individualismus noch gar nicht entwickelt haben. Im Verhältnis zu Europa ist Japan eine Hohlform, die sich über alles stülpt und es kopiert, ohne es verarbeiten zu müssen. Schluckt, ohne verdauen zu müssen. Auch die USA sind solch eine Hohlform; eine Hohlform, die sich vampiristisch durch die Gegend bewegt und alles frißt, was ihr schmeckt. Das allerdings vernichtet Geschmack. Die größten Löcher im europäischen Boden sind die McDonald's-Läden – und dabei muß man bedenken, daß die Amerikanisierung des Alltags in den meisten europäischen Me-

tropolen erheblich weiter fortgeschritten ist als in der Bundesrepublik. Vergleicht man unter diesem Aspekt Paris mit München, dann ist München eine vorderasiatische Kleinstadt. Das macht München, bei allem, was an der Stadt zu kritisieren ist, ja auch sympathisch.

Eine neue, innereuropäische Entspannung zwischen Ost und West bahnt sich an. Handelt es sich dabei denn um mehr als eine Vereinnahmungsstrategie?

Das mag Strategie sein, aber dahinter stecken eine Menge Illusionen. Den Westeuropäern ist nichts unbekannter als Rußland beziehungsweise die Sowjetunion. Lesskow vergleicht in seiner – bezeichnenderweise so genannten – Erzählung *Der eiserne Wille* angesichts des Napoleonischen Feldzugs Rußland mit einem Sauerteig. Man kann mit der Faust, einer Axt oder mit was auch immer hineinschlagen, und der Teig gibt nach. Aber wenn man das Beil oder die Faust wieder herauszieht, ist der Sauerteig wieder da.
Diese Eigenschaft, hartnäckiger zu sein als die Eroberer, hat mit Rußlands asiatischem Rücken zu tun – ein den meisten Europäern völlig unbekannter Faktor. Im Moment sieht man in der Sowjetunion einen Markt, aber es ist noch völlig unklar, wie dieser Markt auf die Vermarktung reagieren wird, und es ist offen, wer da am Ende wen vermarktet. Panizza hat Rußland als »lauerndes Gehirn« bezeichnet, und ich glaube, daß von diesem Gehirn noch eine Menge zu erwarten ist.
In einem Prozeß der Entpolitisierung des Ost-West-Verhältnisses werden spezifische Potenzen zum Tragen kommen, deren politische Auswirkungen sich noch gar nicht bestimmen lassen. Vordergründig öffnet sich der sowjetische Sozialismus, weil er ökonomisch nicht mehr lebensfähig ist. Aber für die Spezifik der Perestroika ist Gorbatschows Erkenntnis

ebenso bedeutsam, daß er diesen Prozeß ohne die Hilfe der Kirche nicht gewinnen kann: Und diese kirchliche Tradition geht wieder auf Byzanz zurück.

Die Kirche stellt in Osteuropa einen ganz anderen Faktor dar als der Katholizismus in Südeuropa. Das hat selbst den Streit zwischen Marx und Bakunin beeinflußt. Für Marx war – etwas kabarettistisch formuliert – das Proletariat eine Ordnungsmacht, während Bakunin nicht von einer disziplinierten Industriearbeiterschaft als historischem Subjekt ausgehen konnte und sich deshalb auf das Chaos als bewegendes Prinzip beziehen mußte – also auf das Lumpenproletariat. Wobei Marx und Engels den Begriff des Lumpenproletariats benutzten, um das eigentliche Proletariat zur Aristokratie zu machen.

Wenn jetzt der sowjetische Staat als Ordnungsmacht anfängt, die Verhältnisse von oben zu verändern, also auch zu chaotisieren, versteht man das in Westeuropa nur sehr schwer. Denn die Praxis in Westeuropa ist die der Ordnung, der Ausgrenzung bis hin zur Ausrottung. Selbst der Alltag der bourgeoisen Metropole Paris ist von diesem Prinzip bestimmt: Ohne Kreditkarte kann man da kaum noch telefonieren, und wer kein Geld hat, soll auch nicht aufs Pissoir – im Grunde genommen also auch nicht leben.

Für die anderen Länder des sozialistischen Lagers wirft die Perestroika natürlich viele Probleme auf. Im Westen wundert man sich, daß dic DDR-Führung sich gegenüber dem Programm Gorbatschows so renitent verhalt und verhalten darf. Sicher, eine ganze Reihe von Problemen, die die Entwicklung in der Sowjetunion gebremst haben, gibt es in der DDR so nicht. Deshalb sind viele Maßnahmen, die in der Sowjetunion ergriffen werden, in der DDR auch gar nicht nötig. Was aber vonnöten wäre – und das wäre ungeheuer viel –, ist, daß man eine Öffentlichkeit herstellt und das Leben demokratisiert.

Das Grundproblem dabei ist nur, daß die DDR immer eine stalinistische Kolonie war – und jetzt soll dieses Land plötzlich auf eigenen Beinen stehen, seine eigene Geschichte machen. Wie soll die aussehen? Wie die Dinge liegen, könnte das nur eine Geschichte im europäischen Kontext sein, doch den zu finden braucht einfach seine Zeit. Ungarn hat es da leichter, es war immer relativ selbständig. Die ČSSR kann man wohl auslassen, das ist durch die Invasion von 1968 ein totes Land. Natürlich wird die Mauer irgendwann fallen – die Frage ist nur, wie kommt man zu einer Situation, in der man sie weglassen kann.
Ohne historisches Bewußtsein kann kein Volk seine Zukunft gestalten. Bulgarien beispielsweise ist geprägt von 500 Jahren Türkenherrschaft. Deswegen findet man dort eine hohe Eßkultur und ein ungeheures Vokabular für sexuelle Dinge, denn die Türken haben einfach die meisten Wörter dafür. Die türkische Alltagskultur war der westeuropäischen schon deshalb überlegen, weil dort das asketische Ideal, der Wille zur Macht in der Technik nie eine Rolle spielten. Andererseits waren für die Türken Begriffe wie Menschenrechte nie von Bedeutung.
Eine weitere Besonderheit an Bulgarien ist, daß die Kirche zwar dieselbe ist wie in Rußland, aber einen viel geringeren Stellenwert innehat. Der Aberglaube hat dort eine weit stärkere Tradition als die Religion.
Die Bulgaren werden nie vergessen, daß die Russen sie von den Türken befreit haben. Churchill war sich dessen natürlich völlig bewußt, als er in Jalta dafür plädierte, Bulgarien den Russen zu überlassen. Ihm erschien das die einzige Möglichkeit, Bulgarien auf Dauer für den Westen zu gewinnen – und in solchen Zeiträumen muß man denken, wenn man über Politik in Europa spricht. Rumäniens Bourgeoisie etwa war immer stark an Frankreich orientiert, jetzt ist sie völlig entmachtet oder emigriert. Ähnlich verhält es sich mit Polen.

Ein Grund für die polnische Misere liegt darin, wie der polnische Regisseur Erwin Axer formuliert hat, daß ein richtiger Pole nur Adeliger sein kann, denn alles andere sind Bauern. Das ist wie in Frankreich: Ein richtiger Franzose lebt in Paris oder macht Geld – ansonsten sind Franzosen Bauern. Die polnischen Eliten waren immer westlich orientiert, aber die Landbevölkerung ist nur oberflächlich von Rom geprägt. In der Mentalität unterscheidet sich ein polnischer Bauer sicherlich nicht allzu sehr von einem aus der Ukraine.

Aber die Entideologisierung des Ost-West-Verhältnisses ist doch im Ansatz auch eine Abkehr von der marxistischen Gesellschaftstheorie.

Neulich verkündete die *taz* im Triumphton, daß die polnische KP den Klassenkampf als Kategorie aufgegeben habe. Es hat ja etwas Rührendes, wenn so etwas in einer alternativen Zeitung steht, weil es so schwachsinnig ist. Man braucht doch nur an die Mietgesetzgebung in der Bundesrepublik denken – was ist das anderes als Klassenkampf?

Doch das Problem ist komplizierter. Die Preispolitik in der DDR zum Beispiel ist, ökonomisch gesehen, völlig ineffektiv. Sie bremst die Entwicklung eher, als sie voranzutreiben. Die Frage bleibt jedoch, ob Sozialismus eine ökonomische oder vielmehr eine ethische Kategorie ist. Mag sein, daß der ethische Anspruch, mit dem man einmal angetreten ist, nicht mehr lange aufrechtzuerhalten ist; aber daß man zögert, ihn so einfach über Bord zu werfen, finde ich verständlich.

Die Bevölkerung nimmt dieses Problem kaum zur Kenntnis. Die ist daran gewöhnt, daß alles billig ist, sie will das behalten, und das, was es im Westen gibt, will sie dazu haben, ohne über die Zusammenhänge nachzudenken. Natürlich ist es für einen DDR-Bürger ein Schock, wenn er durch eine westliche Stadt geht und dieses riesige Angebot an Obst und

Gemüse aus aller Welt sieht. Aber daß der Westen die hungernde Dritte Welt dafür mit Müll abspeist, wird kaum wahrgenommen.

Schließlich taucht die Dritte Welt nicht einmal mehr in der modernen Philosophie – mit ihrem Begriff von »post-histoire« oder der Verkündigung eines »post-politischen Zeitalters« – auf.

Sich auf ein geistiges Europa zu beziehen, wie man das noch vor zehn, fünfzehn Jahren konnte, ist wohl unmöglich geworden. 1975 habe ich mir in New York wochenlang amerikanische Filme angesehen, bis ich einen wahren Ekel vor dieser Mentalität von *action* und *plot* bekam. Und dann gab es eine Godard-Retrospektive – das war wie ein Aufatmen. Plötzlich sah ich wieder Filme, die etwas mit Denken zu tun hatten, die einen Überschuß an Ideen produzierten. In den USA wird nur das gedacht, was man braucht, um einen Film zu verkaufen. Das ist die pure Barbarei, und im Vergleich dazu hat Europa natürlich seinen Wert. Aber das ist zugleich ein Kompliment an den Imperialismus in der Technik. Die Vergewaltigung der Natur hat ihre Entsprechung in der Verselbständigung des Denkens, das über seine Funktionale hinausgetrieben worden ist.

Nur, läßt sich dieses aus den Fugen geratene Denken besänftigen, ohne in geistige Regression zu verfallen?

Zunächst einmal glaube ich nicht, daß Batailles Modell der »zwei Zivilisationen« – einer Zivilisation der Verschwendung, wie sie im alten Ägypten oder in den indianischen Hochkulturen entstanden sei, und einer Zivilisation der Ökonomie in Europa – stimmt. Wenn man vom Überbau ausgeht, von der Geschichte des Denkens und der Kunst, ist Europas Kultur eine Zivilisation der Verschwendung. Man muß aber wohl damit leben, daß der geistige Mensch in unserem Zeitalter ausstirbt. In den McDonald's-Läden sitzt doch schon eine ganz neue Menschenrasse, die begeistert Scheiße schlürft. Das ist zwar im Einzelfall rätselhaft, aber im Grunde genommen ist es die Ankündigung der Machtübernahme durch die Computer. Da sitzen doch nur noch Zombies, und die an diese neue Welt gewöhnten Kinder brauchen weder Kunst noch Literatur oder Theater und werden nie im Leben auf die Idee kommen, daß das für sie interessant sein könnte. Oder daß irgendein Gedanke interessant ist, der sich nicht unmittelbar in Hamburger umsetzen läßt.

Vielleicht könnte das derart übersättigte Europa von der Dritten Welt lernen?

In einem afrikanischen Befreiungskrieg hielt der Guerillaführer vor der Entscheidungsschlacht eine Rede. Die Lage sei sehr kompliziert, aber man könne nicht mehr zurück, und deshalb bitte er ausnahmsweise Gott um Hilfe. Und dann sagte er: »But this time don't send your son, come yourself.« Die europäische Zivilisation ist eine Kultur der Stellvertretung, und wir müssen lernen, uns von dieser Haltung zu lösen. Herkömmlich unterscheidet man primitive und entwickelte Gesellschaften dadurch, daß die sogenannten primitiven keine Staatenbildung kennen. Der französische Ethnologe Roger Caillois hat das bei seiner Untersuchung lateinamerikanischer Indianerstämme einmal andersherum diskutiert: daß diese Gesellschaften womöglich einen eingebauten Mechanismus gegen Staatenbildung haben.
Wenn man lernen könnte, Staaten, also Politik zu verhindern beziehungsweise überflüssig zu machen, wäre das sehr inter-

essant. Nur würde das auf dem Niveau unserer Entwicklung noch schwieriger.
Aber ich könnte mir vorstellen, daß in dieser Hinsicht noch bedeutende Impulse aus Rußland und Spanien zu erwarten sind. An beiden Ländern ist die Aufklärung vorbeigegangen, was zunächst furchtbare Folgen hatte. Doch vielleicht setzt eine verdünnte Aufklärung – sie hat mittlerweile viel von ihrem Gift verloren – die Anti-Staatsviren in diesen Volkskörpern frei.
Für die Russen gab es nie Staat, also Politik, und plötzlich muß das nicht mehr nur negativ sein, was es im letzten und der ersten Hälfte dieses Jahrhunderts sicherlich war. Die Öffnung der sowjetischen Politik durch Gorbatschow basiert auf einer Entideologisierung und Enttheologisierung. Man reagiert auf Realitäten, weil man mit Ideen keine Politik mehr machen kann.
Europa zum Beispiel ist nur noch eine Idee. Mit welchem Recht bezeichnet man West-Berlin als eine europäische Stadt? Dort arbeiten dermaßen viele Ausländer, die Abhängigkeit von den sogenannten Minderheiten ist so groß, daß ohne sie nichts mehr funktioniert. Nur, was macht man aus dieser Idee Europa, wenn sie keine Realität mehr ist?

Europa – nur noch eine Giftmüll produzierende Idee?

Ja, aber nicht nur Giftmüll, sondern auch Geisterschiffe. Der Nobelpreisträger Soyinka hat in einem Vortrag, den er einmal in Potsdam gehalten hat, von Geisterschiffen berichtet, die mit Atommüll beladen von Europa aus um Afrika herumfahren und versuchen, Hafeninspektoren zu bestechen, um die Scheiße abladen zu können. Dafür lieferte er konkrete Belege, auch die Routen hatte er nachgeprüft. Das ist ein sehr treffendes Bild für die Situation: Geisterschiffe aus Eu-

ropa schippern durch die Dritte Welt, um dort den verstrahlten Abfall, den abendländisches Denken produziert hat, loszuwerden.
Das Europäische entstammt einer neurotischen oder zumindest verstörten Reaktion auf Wirklichkeit – in Europa hat man Realität nie akzeptieren können. Das hat auch klimatische Ursachen. In Kalifornien oder Brasilien kommt kein Mensch darauf, zu arbeiten, das Geld zu erfinden oder sich in philosophischen Spekulationen zu ergehen – da wächst ja alles von alleine.
Francis Ponge hat einige sehr interessante Überlegungen über das Fotografieren angestellt. Das Fotografieren ekelt ihn, weil die Wirklichkeit immer mehr durch ihr Abbild ersetzt wird. Diese Horden von fotografierenden Touristen in Museen oder antiken Stätten interessieren sich doch gar nicht mehr für den Inhalt der Bilder oder Skulpturen – sie brauchen die Fotos. Das Fotografieren ist eigentlich ein nekrophiler Akt, man will nur noch Abbilder vom Leben statt des Lebens selbst. Und daraus leitet Ponge die Funktion des Fotografierens ab: Man fotografiert die Toten samt aller Phasen der Auflösung des Körpers bis hin zum Skelett. Dadurch hätte Fotografie einen Sinn, denn man bekommt durch die Abbildung einen Respekt vor der Wirklichkeit, vor dem Leben.
Europas Wille zur Macht in der Technik beruht doch letztlich auf der Verdrängung von Todesangst als einer Lebensrealität. Wenn man etwas von Afrika lernen könnte, wäre das der Umgang mit dem Sterben. All diese Todesmaschinen, die Europa entwickelt hat, sollen immer nur den Tod als Aspekt des Lebens verdrängen. Aber vielleicht ließe sich ja der Wille zur Macht in der Technik gegen seine eigentliche Intention, die Verdrängung, wenden.

Ist das nicht bereits in der griechischen Theatertra-

dition angelegt? Aufgabe des griechischen Theaters war es doch auch, die Kommunikation mit den Toten, den Ahnen aufrechtzuerhalten?

Es gilt zwar als ausgemacht, daß die griechische Kultur europäisch ist, doch da täuscht man sich über die orientalischen, die ägyptischen und sogar asiatischen Einflüsse hinweg, wie sie Hölderlin in seinen Anmerkungen zur Sophoklesübersetzung festgehalten hat. Europäisch wird das Theater erst in Rom, als Kopie. Das ist das Problem des europäischen Theaters: Es ist zur Kopie verkommen. Alle seine Funktionen, das »Sterbenlernen«, die »Rehumanisierung des Körpers«, die »Kommunikation mit dem Tod« sind zur Kopie verkommen. Das europäische Theater speist sich aus derselben Verdrängungsgeschichte wie die Technik. Auch der Schauspieler ist doch im Spiel kaum noch mit sich selbst konfrontiert, sondern er wird immer mehr zum Vehikel der Abbildung. Nur in Glücksfällen ist der Zuschauer wenigstens über dieses Vehikel noch mit sich selbst konfrontiert.
Mich beschäftigt die Frage, wie ein Text, unabhängig vom Schauspieler, der ihn spricht, auf der Bühne zur Realität werden kann. Wenn Pina Bausch ein Nilpferd auf die Bühne bringt, ist das der Protagonist. Das verstößt gegen die Konvention, schafft einen Riß, und das ist auch in Ordnung, aber es ist keine Lösung, sondern nur ein Hinweis darauf, daß eigentlich eine unmittelbare Verbindung des Theaters mit dem Leben angestrebt wird. Die Frage ist: Wie macht man einen Text zum Nilpferd? Texte müssen zu einer Realität werden, die nicht einfach abbildet, sondern die Sehnsucht oder Ahnung eines möglichen anderen nahebringt.
Dafür muß der Rahmen des Theaters, der ja schon durch die Theaterbauten, also die politischen Strukturen, vorgegeben ist, gesprengt werden. Der Text darf nicht als Mitteilung, als Information transportiert werden, sondern muß eine Melodie

sein, die sich frei im Raum bewegt. Jeder Text hat einen Rhythmus, zwar nur unterschwellig, aber doch so spürbar, daß er wie bei einem Popkonzert vom Körper aufgenommen wird. Das wäre die Qualität, die das Theater wieder bekommen muß, aber dazu braucht es sehr gute Texte. Gute Texte leben von ihrem Rhythmus und strahlen ihre Information über diesen Rhythmus ab, und nicht über die Mitteilung.
In der elisabethanischen Renaissance hat man die Shakespeare-Stücke, die heute ungestrichen in vier bis fünf Stunden aufgeführt werden, in zwei, maximal zweieinhalb Stunden abgespult. Es war nur Rhythmus, alles war nur Beat. Niemand hat darüber nachgedacht, was jetzt mit diesem oder jenem Satz gemeint ist – das konnte man ja hinterher, wenn man das Bedürfnis empfand. Auch das ist ein Negativprodukt von Aufklärung – daß die Leute ständig meinen, sie müßten etwas verstehen im Theater. Aber der Kopf gehört nicht ins Theater, denn dann macht man keine Erfahrung. Erfahrung kann man nur blind machen. Und ein wichtiges Charakteristikum der europäischen Kultur ist der ständige Versuch, den Menschen die Fähigkeit abzutrainieren, Erfahrungen zu machen. Überall werden Zwischenschaltungen eingebaut, damit zwischen der Sache und dem Menschen keine unmittelbare Beziehung entsteht. Nur darf man aus dieser Kritik nicht den Kurzschluß ziehen, die Technik rundheraus zu verdammen. Sie muß gegen ihre imperial-repressive Ausrichtung eingesetzt werden, etwa zur Steigerung des individuellen Genusses benutzt.

Laut Baudrillard konstituiert sich das Abendland dadurch, daß der Tod des einzelnen zur Angelegenheit des Staates, also verstaatlicht wird. Ist es vielleicht das Grundproblem der europäisch-abendländischen Kultur, daß sie die Beziehung zu ihrem anderen, dem Tod, verloren hat?

Da ist sicherlich was dran. Ein Indianer hat einmal den Unterschied zwischen weißer und indianischer Mentalität folgendermaßen definiert: »Der Indianer weiß, es gibt eine gute Zeit zum Sterben und eine schlechte Zeit zum Sterben, und er sucht sich die gute Zeit. Während für den Weißen jede Zeit schlecht zum Sterben ist.«
Es gibt diese Geschichte einer alten Dame in Holland, die, als sie erfahren hatte, daß sie unheilbar an Krebs erkrankt war, ihr bestes Kleid anzog, ein Familienfest veranstaltete und sich von ihrem Hausarzt die Spritze geben ließ. Es wurde gefeiert und getrunken, und als eine ihrer Töchter mit der Situation nicht fertig wurde, schimpfte die alte Dame, sie solle sich nicht so unwürdig benehmen. Das halte ich für revolutionär, denn die zentrale Funktion von Revolution, das hat Büchner schon über die Französische Revolution gesagt, ist die Veröffentlichung des Sterbens.
Andererseits ist das Nichtakzeptieren des Todes die Voraussetzung für alle Leistungen, die Europa hervorgebracht hat. Aber aus dieser Todesverdrängung entsteht das genuin europäische Verlangen nach immer höheren Geschwindigkeiten. Wenn man den Tod schon nicht abschaffen kann, dann will man in der Lebensspanne zumindest möglichst viel erleben. Leistung = Geschwindigkeit, das ist die europäische Grundformel, mit der der Weg ins Paradies gesucht wird. Doch der führt, siehe Ozonloch, direkt in den Abgrund.
Das europäische Denken ist auf Lösungen fixiert, und das ist die Krankheit, denn die Lösung bedeutet das Ende der Anwesenheit. Abgesehen davon, daß Lösungen immer langweilig sind. Genauso macht die Mentalität nach der Formel Leistung = Geschwindigkeit das Theater kaputt. Der Leistungszwang, der auf den Schauspielern lastet, läßt sie den Rhythmus der Texte verfehlen. Und damit ist man wieder bei der Flucht vor Realität.
Auch die Idee des Binnenmarktes entstammt natürlich dieser

Leistungsutopie. Man will mit der EG schneller sein als die anderen. »Stirb schneller, Europa« wäre vielleicht die passende Formel. Indem Enzensberger mit seiner Theorie der Mittelmäßigkeit, aus einem ganz richtigen Impuls heraus, gegen das Hochleistungsdenken polemisiert, bemüht er sich ironischerweise auch um die Rettung Europas.

Sind also vom »Haus Europa« überhaupt keine neuen kulturellen Impulse zu erwarten?

Ein kluger Franzose hat einmal gesagt: »Der Beitrag der Deutschen zur Weltkultur ist der Tierpark« – also die humanistische Variante des KZ, denn den Tieren geht's ja gut. In diesem Sinne ist der europäische Beitrag zur Weltkultur das Museum, und deshalb braucht man das »europäische Haus«, denn man will ja nicht mehr herausrücken, was man einmal geklaut hat. Hitlers Problem war doch, daß ihn niemand reinlassen wollte, nicht einmal durch den Dienstboteneingang. Also hat der gescheiterte Künstler das Haus einfach zerstört, damit er vorne hereinkommen konnte.
Diese McDonald's sind doch Sprechblasen ohne Text, und ich könnte mir vorstellen, daß sie in Moskau mit einem anderen Text gefüllt werden als in Paris oder München – mit einem Text womöglich, der sie sprengt. Konsequent weitergedacht, könnte Europa aufgrund seiner Geschichte und Tradition ein Sprachzentrum werden für die Probleme der Welt. Je mehr es aus der Bewegung der Geschichte hinausgedrängt wird – und das wird auch Westeuropa nicht verhindern können –, könnte das »Haus Europa« ein Zimmer werden, in dem die Probleme noch präzis besprochen werden könnten. Dazu muß man allerdings jeden Führungsanspruch aufgeben – denn wer führen will, hat keine Sprache mehr, der muß lügen.

Die Idee vom gemeinsamen Haus Europa könnte also nicht nur ökonomisch durchaus positive Aspekte haben?

Ich glaube schon. Es treffen schließlich zwei unterschiedliche Zeitzonen aufeinander: Im Westen herrscht das Prinzip der Beschleunigung, im Osten das der Verlangsamung, des Aufhaltens von Prozessen. Wenn die Errungenschaften der Beschleunigung in den Zeitrhythmus der Verlangsamung aufgenommen würden, könnten sie dabei durchaus humanisiert werden. Darin läge eine große Chance dieses Austauschs.
Im Osten ist man sicherlich der Einheit von Leben und Arbeiten näher als im Westen, wo die Devise gilt: »Dienst ist Dienst, und Schnaps ist Schnaps.« Deswegen auch ist Gorbatschow so interessiert an Abrüstung, denn diese Qualität des Ostens kann historisch nur zum Tragen kommen, wenn Produktion nicht mehr tödlich ist. Nur, ob ein solchermaßen abgerüstetes Europa noch Europa bedeutet, ist fraglich, denn für Europa ist der Krieg konstitutiv. Ohne die Möglichkeit, einen Angriffskrieg zu führen, ist Europa nur noch eine leere Patronenhülse.

Da trinke ich lieber Benzin zum Frühstück

Betrachtungen zum Fundamentalismus

Heiner Müller, Sie haben seinerzeit die islamische Revolution im Iran begrüßt, weil alle Befreiungsbewegungen der Dritten Welt – wie irrational ihre Programme uns auch erscheinen mögen – grundsätzlich einen anti-imperialistischen, also revolutionären Charakter trügen. Würden Sie diesen Standpunkt nach zehn Jahren fundamentalistischen Regiments, nach dem aberwitzigen Golfkrieg und nach der Liquidation der linken Opposition im Iran, weiterhin beibehalten wollen?

»Links« und »rechts« sind europäische Kategorien, um die es in der Dritten Welt gar nicht geht, gar nicht gehen kann. Es gibt keine Universalgeschichte. Von Europa aus macht man immer Europa zum Maßstab und unterschlägt dabei, daß es ganze Kontinente gibt, die aus der Geschichte ausgetreten sind und jetzt wieder in sie eintreten. Das läßt sich nach der europäischen Werteskala überhaupt nicht beurteilen, weil diese Werte für die Dritte Welt oder konkret: für die Perser keinesfalls relevant sein dürfen. Die müssen ihre Geschichte machen, aus ihren historischen Wurzeln heraus, aus ihrer kulturellen Identität.

Das moralische Problem reduziert sich leider auf den sehr bösen, aber pragmatisch richtigen Satz von Frantz Fanon: »Blut ist ein gutes Schmiermittel.« Dieser Satz hat für die meisten Bewegungen Gültigkeit, die aus einem versteinerten Zustand ausbrechen wollen. Und wenn man über Imperialismus reden will, darf man nicht vergessen, daß im Augenblick alles auf eine Regionalisierung hinausläuft. Nach Carl Schmitt ging es im Zweiten Weltkrieg um die Verteilung von Großräumen – seltsamerweise ist dabei eine ungeheure Regionalisierung der Konflikte herausgekommen. Auf dem Papier sind die Großräume verteilt, aber in der Realität zerfallen sie in kleine Territorien, die ihr Recht auf Autonomie anmelden. Ich halte das für eine positive Entwicklung; selbst die Umweltprobleme, die nur global lösbar sind, brauchen regionale Energien. Erst wenn die Leute in einem Wohngebiet darauf bestehen, daß der Kinderspielplatz von Chemikalien frei gehalten werden muß, entsteht der Druck, der zu globalen Lösungen zwingt.

Aber es läßt sich doch unterscheiden zwischen Befreiungsbewegungen, die sich auf den Marxismus beziehen, und islamischen Fundamentalisten?

Von »Marxismus« zu sprechen ist immer schwierig. Marx hat ja kein System entworfen, sondern er hat an der Negation, an der Kritik des Bestehenden gearbeitet, und so war er prinzipiell offen für neue Realitäten. Die Verwandlung des

»Marxismus« in eine Staatsreligion hat mit Marx nichts zu tun.

Seit Stalingrad sind die Kategorien »rechts« und »links« nicht mehr so einfach trennbar, vielleicht gar überholt. Denn bei Stalingrad hat die Rote Armee die Strategie der deutschen Wehrmacht verinnerlicht. Im Krieg ist es unvermeidlich, die Energien des Gegners in sich aufzunehmen, um sie aufzuzehren – dadurch nimmt man natürlich auch die Züge des Gegners an. In diesem Zusammenhang ist es doch sehr wichtig, daß man in Nicaragua, in Libyen oder im Iran die USA als Hauptfeind betrachtet ...

... oder auch einen Schriftsteller, wie Sie selbst einer sind. Wie beurteilen Sie denn die Mordkampagne gegen Salman Rushdie?

Zunächst einmal pragmatisch: Wenn man Millionen im Namen des Islam an die Front, also in den Tod schickt, wo sie als Märtyrer sterben – was ihnen die Aufnahme ins Paradies garantiert, das ja mit attraktiven Jungfrauen und allerlei leiblichen Genüssen als etwas sehr Schönes beschrieben wird –, und wenn dann einer daherkommt und sich über diese Religion, die die Grundlage für die Fortführung politischer Konflikte bildet, lustig macht, dann verstehe ich schon, daß man den verteufeln muß. Denn wenn diese Vierzehnjährigen anfangen würden, massenhaft Rushdie zu lesen, fiele es ihnen beim nächsten Mal sicherlich schwerer, in den Gräben zu krepieren. Das soll nun nicht etwa heißen, daß ich das billige; aber nachvollziehen kann ich es schon.

Um das Phänomen Khomeini zu begreifen, muß man wohl Tacitus zu Rate ziehen, der schrieb: »Am schlimmsten sind die Tyrannen, die aus dem Exil kommen.« Wahrscheinlich gilt für all diejenigen, die in der Politik zu einer großen Rolle kommen, daß es in ihren Biographien so lange Zeiten der

Untätigkeit, absoluten Ziellosigkeit und Ineffizienz gibt. Zum Beispiel Hitler, dieser durchgefallene Kunststudent ...

... Mao fiel zweimal durch die Lehrerprüfung ...

... wozu dann noch der Wunsch nach Rache kommt: Maos erste Frau oder Geliebte wurde hingerichtet, bei Lenin war es der Bruder, der sterben mußte, und auch Khomeini hatte sicherlich einigen Grund, sich zu rächen. Rache ist ein sehr wichtiges Movens für die sogenannte große Politik.
Und dann die Ressentiments: Napoleon litt, nach allem, was man weiß, unter Potenzproblemen; Stalin hatte einen zu kurzen Arm, war verkrüppelt. Oft sind große Staatsmänner eigentlich Krüppel, und angesichts dessen ist der Konflikt zwischen Politik und Kunst eher normal. Lebensgefährlich wird hingegen die Verbindung von Kunst und Politik wie bei Nero und Hitler, denn Künstler sind ja auch Krüppel. Staatsmänner und Künstler sind Krüppel.

War es denn nur Rache oder Ressentiment, was beispielsweise Stalin gegen Trotzki getrieben hat? Spielte da nicht auch ein nahezu religiöser Eifer gegen den »Häretiker« Trotzki mit, gegen den Kampfgenossen von einst, den es nun buchstäblich zu vernichten galt?

Sicherlich fühlte sich Stalin Trotzki unterlegen. Stalin war nie im Ausland gewesen, kannte keine Fremdsprachen – Trotzki war welterfahren, sprach mehrere Sprachen. Um Stalin zu verstehen, muß man wissen, daß er ein Seminarist war, ein Klosterschüler; für ihn war der Glaube an die Schrift das Wesentliche – was geschrieben steht, ist Wahrheit. Und wenn die Wirklichkeit nicht mit der Schrift übereinstimmt, muß sie im Sinne der Schrift planiert werden. Trotzki, der ja

Stalins Politik konzipiert hat – die Liquidierung der Gewerkschaften zum Beispiel –, war ein ganz anderer Typ, ein Abenteurer. Als Henker von Kronstadt hat er die Formulierung gebraucht: »Ich werde euch abschießen wie Enten auf dem Teich!« Das hätte selbst Lenin, der durchaus eine zynische Ader hatte, nicht zu sagen gewagt – er hätte es ideologisch verbrämt. Und als Lenin – klassisch marxistisch – den Generalstreik als Bedingung für den Umsturz einforderte, meinte Trotzki: Mein Generalstreik ist das Chaos, und dann inszenierte er die Oktoberrevolution als eine Art Militärputsch. Trotzki war ein Terrorist, Stalin die Ordnungsmacht. In dem Augenblick, wo sich klar abzeichnete, daß die Weltrevolution nicht stattfinden wird, daß man also mit dem bolschewistischen oder sozialistischen Experiment auf dem unterentwikkelten Territorium der Sowjetunion allein sein würde – von diesem Moment an wird die Kolonisation der eigenen Bevölkerung zum Hauptaspekt des Prozesses. Daran hat sich, wie man in China sieht, bis heute nichts geändert.

Aber in Sachen Terror stand Stalin doch den fanatischsten Fundamentalisten in keiner Weise nach ...

Der Terror eines Stalin war defensiv; Stalin war grundsätzlich defensiv. Seine Strategie war die der Ausgrenzung und Befestigung, er hatte diese asiatische Wagenburg-Mentalität. Das gilt selbst für die Annexion der baltischen Republiken, des Stücks Polen, des Stücks Rumänien, das die Sowjetunion sich durch den – bezeichnenderweise ja wieder vieldiskutierten Hitler-Stalin-Pakt – angeeignet hat. All das waren Grenzbefestigungen. Auch sein Umgang mit Nazi-Deutschland, wie vorher mit der Weimarer Republik, war defensiver Nationalismus im Interesse eines Großrußland. Aber das war nie imperialistisch, während Trotzkis Denken, seine Ideologie, durchaus imperialistisch war.

Stalin hatte überhaupt kein Interesse an der Weltrevolution. Deswegen hat er auch versucht, Revolutionen in Westeuropa und später in China zumindest zu bremsen, wenn er sie schon nicht verhindern konnte – immer aus dem Instinkt heraus, daß sich auch in der Sowjetunion etwas ändern würde, wenn sich in Spanien oder China etwas ändert. Stalin war krankhaft auf Stabilität fixiert, und er – das war das weltgeschichtlich Neue – war der erste Tyrann, der seine eigenen Anhänger umgebracht hat. Er war also das Gegenteil eines Fundamentalisten – ein Hausvater, der sein Haus verbarrikadiert und sauberhalten will, eine völlig paranoide Erscheinung.

Dagegen war Trotzki der Fundamentalist. Denn Fundamentalismus ist auch durch den Willen definiert, die eigene Überzeugung, Religion oder Ideologie weltweit zu verbreiten, die ganze Welt zu missionieren, bis alles mohammedanisch, revolutioniert oder sonstwas ist.

Das allein macht ja beispielsweise den islamischen Fundamentalismus noch nicht aus. Gehört dazu nicht auch ein gewisser Aufstand gegen die Moderne, die Rückbesinnung auf eigene, nicht-europäische Traditionen gegen den westlichen, technik- und konsumfixierten Lebensstil?

Für Foucault – er war während des Umsturzes in Teheran – hatte die Schnelligkeit, mit der alles geschah, etwas Gespenstisches. Der Iran war ja, ökonomisch gesehen, eine amerikanische Kolonie, bis obenhin vollgestopft mit Elektronik. Dadurch kam es zu einer ungeheuren Beschleunigung der Kommunikation, und die forcierte das Tempo des Umsturzes. Danach setzte der Prozeß der Verlangsamung ein, das heißt: Die Beschleunigung, die von den kapitalistischen Gesellschaften ausgeht, wurde verlangsamt. Das ist etwas sehr

Positives. Denn die kapitalistischen Gesellschaften leben in einer Bahn der Beschleunigung, die in der Vernichtung endet. Das letzte Stadium dieser Beschleunigung ist die Vernichtung der Zeit.

Die Unterentwicklung in der DDR, der Sowjetunion oder im Iran bietet eine Chance durch die Verlangsamung. Denn die Hoffnung liegt doch allein darin, daß die Verlangsamung der Prozesse diese Gesellschaften erst dann in die Phase der Beschleunigung geraten läßt, wenn der Gegner, also der Kapitalismus, schon bei der Selbstvernichtung angelangt ist.

Nehmen wir die Japaner, die in immer stärkerer Technisierung ihr Heil suchen. Durch Hiroshima wurden sie aus ihrer eigenen Geschichte herausgebombt, aber damit wurden sie auch die letzten Bremsklötze los. Die Atombombe war die jüdische Rache für Auschwitz. Sie hat – und diese versetzte Kausalität findet man in der Geschichte sehr häufig – den Falschen getroffen, wie jetzt die Palästinenser.

Aber die Japaner haben die totale Beschleunigung erlebt, indem sie als erste mit dem Endpunkt der Beschleunigung – der totalen Vernichtung – konfrontiert wurden. Die Kombination von Feudalmonarchie und Technik – ohne die europäische Bremse des Individualismus – hat das Phänomen Japan möglich gemacht. Die modernen Japaner sind Matrizen, ihr Hauptimpuls ist, zu kopieren. Aber sie sind das einzige Volk der Welt, das eine Real-Utopie hat: Sie arbeiten an der Kombination von Mensch und Maschine. Jetzt muß man sehen, was für Kinder aus der Unzucht mit der Technik entstehen.

Am Computer vorbei gibt es wohl keine Utopie mehr. Nur hat das auf einem so engen Raum wie Japan natürlich andere Folgen als in der Sowjetunion mit ihrer riesigen Landmasse. Da verändert sich eher der Computer und fängt an, Wodka zu trinken oder zu versteppen. Das allerdings wäre ein Traum – der versteppte Computer.

Ist die Flucht in die Technik, die absolute Technikgläubigkeit, nicht auch eine Spielart von Fundamentalismus, bei der vielleicht ähnliche, mythische Grundhaltungen mitwirken?

Letztlich reduziert sich das auf ein sehr simples, elementares Problem, das Pascal auf den Punkt bringt: »Alles Unglück kommt daher, daß es die Menschen nicht aushalten, allein zu sein.« Der Drang zum Kollektiv aber gründet in der Todesangst, in der Unfähigkeit des Menschen, mit der Gewißheit seines eigenen Todes zu leben. Über die Jahrtausende war das die Grundlage aller Fundamentalismen, Religionen, Ideologien. Aus dieser Todesangst resultiert auch der Drang nach der Kombination mit dem Computer – denn der Computer ist unsterblich. Als Alternative bliebe nur Fatzers »Alles, was nach mir geschieht, ist, als geschähe es nicht« – damit sind sämtliche Fundamentalismen erledigt. Doch die meisten Menschen können ohne eine Form von Transzendenz, von Religion nicht leben.

Diese ganze Konsum- und Unterhaltungsmaschinerie hat doch den Zweck, daß niemand mehr Zeit haben soll, auch nur eine Sekunde lang an sein eigenes Ende zu denken. Alle Anstrengung der Industrie zielt darauf, ein möglichst lückenloses Netz von Unterhaltung, Zerstreuung und Ablenkung über die Menschheit zu spannen, damit niemand mehr mit sich allein ist. Aber kurz vorm Einschlafen, wenn man nicht genug Tabletten gefressen hat, gibt es dann doch noch eine Möglichkeit des Alleinseins, und schon entsteht neuer Fundamentalismus, und die ganze Scheiße geht wieder von vorn los.

Die Vernichtungsenergien, die dadurch freigesetzt werden – in der Sowjetunion schlagen die nationalen Minderheiten einander wieder die Schädel ein;

in Europa bringen sich Anhänger verschiedener Fußballvereine gegenseitig um –, sind doch äußerst unheimlich. Müßte man da nicht mehr Angst vor der Todesangst haben als vor dem Tod?

Unheimlich ist dies alles doch nur, weil es an einem aufklärerischen Bild vom Menschen gemessen wird, das nie der Realität des Menschen entsprochen hat. Der Mensch ist das einzige Tier, das weiß, daß es sterben muß – jedenfalls gehen wir davon aus, daß es so ist. In der Herde stirbt's sich nun einmal leichter, das ist ganz natürlich. Während eines Stromausfalls in der DDR rückten in den Kollektivställen die Schafe so eng zusammen, daß sie massenhaft erstickten – das ist die Grundfigur. Aus Angst vor dem Tod rückt man immer enger zusammen, bis es tödlich wird. Das Unheimliche daran ist allenfalls, daß es wahrscheinlich ein biologisches Phänomen ist. Andererseits ist durch nichts erwiesen, daß der Mensch auf der Erde das herrschende Lebewesen ist. Vielleicht sind es ja die Viren, und wir sind nur Material, eine Art Kneipe für die Viren. Der Mensch als Kneipe – auch das ist nur eine Frage der Optik.

Immerhin erklart die Todesangst womöglich, warum Lenin, Stalin, Mao mumifiziert wurden. Hitler wäre doch sicherlich auch …

… ich glaube, Hitler wäre aus Selbsthaß gegen seinen Körper gegen das Einbalsamieren gewesen. Der wäre lieber als Stichflamme verglüht, denn er liebte seinen Körper ganz und gar nicht. Mit seinen fetten Hüften und den weichen Schultern entsprach er so gar nicht dem von ihm propagierten Körperideal; er hatte wohl keine Wahl, als auch seinen Körper zu vernichten.

Natürlich hat Mumifizierung mit Sozialismus nicht das geringste zu tun. Engels hat seine Asche über der Nordsee ausstreuen lassen, und Marx hat gar keine Zeit darauf verschwendet, sich Gedanken über seine Leiche zu machen. Das Mumifizieren ist eine rein asiatische Angelegenheit. Lenin war übrigens auch dagegen – es hat ihm bloß nichts genützt.

Aber vielleicht war der Sozialismus in Rußland und China nur deshalb so erfolgreich, weil dort ein anderes Todesbewußtsein vorherrscht als in Mitteleuropa?

Jede Religion will den Tod abschaffen, daher rühren schließlich alle utopischen oder sonstigen Heilsentwürfe. Nur, wenn eine Zivilisation, eine Gesellschaft den Totenkult abschafft – und er ist in Europa abgeschafft –, dann hat sie keine Energien mehr und beginnt, sich selbst zu verzehren. Das stiftet diese merkwürdige Nähe Europas zum Kannibalismus.
Lenins Mumifizierung hingegen bezeichnet einen Wendepunkt in der revolutionären Bewegung. In dem Augenblick, wo eine Bewegung ihre kollektive Kraft verliert, fängt das Mumifizieren an. Man muß die Kraft aus den Toten beziehen, weil es keine Zukunft mehr gibt. Die Mumifizierung Lenins war das Ende der Weltrevolution, der Idee von der Weltrevolution. Damit wurde das Programm Stalin aktiviert – Befestigen und Durchhalten bis zum Jüngsten Tag.

Der Staat richtet sich als Museum ein …

Genau. Er bezieht seine Legitimität von den Toten, und im Namen der Toten wird getötet. Die Idee der Weltrevolution kann erst dann wiederbelebt werden, wenn Lenin beerdigt oder eingeäschert wird. Das könnte sich Gorbatschow vielleicht in zehn Jahren leisten, im Augenblick braucht er die religiösen Energien noch, auch wenn sie reaktionär sind.

Für die Realität der DDR ist es natürlich völlig unwichtig, ob da in Moskau ein Mausoleum steht oder nicht. Aber daran kann man die Trennungslinie gut erkennen, die durch Europa läuft. Mein Traum wäre allerdings ein Kohl-Mausoleum im Teutoburger Wald. Kohl würde sich dafür auch von der Statur her ausgezeichnet eignen – die größte Mumie der Welt.
Zu diesem Thema gibt es auch einen ganz europäischen Beitrag von Henselmann: das Gummi-Denkmal. Da kann man, je nach Tagesaktualität, Luft rein- oder rauslassen – ein Blick auf die Straße, und schon weiß man, wie die Lage ist.

Und wie ist die Lage?

Wir wissen doch alle, daß zwei Drittel oder drei Viertel der Menschen ihr Leben lang unter unmenschlichen Bedingungen arbeiten und existieren müssen und daß überhaupt keine Chance besteht, daß sie je zur Menschheit gehören werden. Das ist seit Jahrtausenden so, und das ist auch Thema aller Ideologien und Fundamentalismen: Wie erklärt man denen in der Tiefe, daß sie das aushalten müssen, ohne die anderen, die oben leben, in die Tiefe zu ziehen?
Als Einar Schleef *Vor Sonnenaufgang* von Hauptmann inszeniert hat, stand auf dem Eisernen Vorhang eine Zeile von Hofmannsthal: »Manche freilich müssen drunten sterben, wo die schweren Ruder der Schiffe streifen.« Das ist, in Zusammenhang mit dem Stück, ein enormer Text zu diesem Thema; das ist das Uneingelöste nicht nur der europäischen, sondern der Geschichte überhaupt. Es ist das, was Benjamin den »theologischen Glutkern« des Marxismus nennt: die Erlösung aus dem Leben in der Tiefe. Vielleicht wird es immer uneingelöst bleiben, aber daraus stammt die Energie aller gesellschaftlichen Bewegungen. In jeder Gesellschaft gibt es ein Leben in der Tiefe, wie immer das auch verdrängt oder weggemogelt wird. Daraus speisen sich die Energien für

Khomeinis Krieg, für die aberwitzigsten Selbstmordaktionen, für Hitlers Eroberungsfeldzug – es ist stets Erlösung durch Vernichtung.

Das erinnert an Platons Höhlengleichnis: Durch die Verdrängung des Schattens, also des Todes, gelangt man zum Licht, zu den ewigen Ideen. Aber wäre dann nicht auch Wissenschaft eine Erlösung?

Die gesamte Geschichte ist insofern ein Tümpel, in dem einer auf den anderen tritt, um nach oben zu kommen. Es gibt dazu einen guten Witz: Ein Kommunist wird, weil er Atheist ist, nicht in den Himmel gelassen. In der Hölle sieht er den Genossen Marx, der steht bis zur Hüfte in der Scheiße. Ein Stück weiter steht Genosse Lenin, bis zum Hals in der Scheiße. Und dahinter Stalin, doch dem steht die Scheiße gerade bis an die Knöchel. Der Mann wundert sich und fragt den Genossen Stalin: »Wie hast du das gemacht?« Worauf Stalin antwortet: »Ich stehe auf den Schultern des Genossen Trotzki.«
Das ist eine sehr schlaue Moral, denn wenn es Dichotomien gibt, dann gibt es mehr Chancen, und je mehr Dichotomien es gibt, um so größer sind die Chancen, aus der Scheiße herauszukommen. Das wußten schon die Indianer, die sagen: »Das Eine ist das Böse.«

Bei Platon ist es genau entgegengesetzt: Das Eine ist das Gute und Schöne …

Genau das ist das europäische Verhängnis.

Im Ur-Götz *von Schleef spielt die Tiefe, sozusagen als Bühne unter der laufstegartigen Bühne, eine bedeutende Rolle; über rhythmisches Stampfen wer-*

den Energien mobilisiert, die mehr mit Kellern zu tun haben als ...

Schleef hat schon mit seiner Hauptmann-Inszenierung (»Vor Sonnenaufgang«) erreicht, daß die Reaktionen genauso waren wie bei der Uraufführung. Genau dieselbe Empörung, derselbe Affront – dabei war es wirklich das Beste, was ich in den letzten 15 Jahren in der Bundesrepublik gesehen habe. Auf das Leben in der Tiefe hat die Gesellschaft eben keine Antwort, keine Gesellschaft hat die. In der DDR existiert dieses totale Ungleichgewicht nicht, da ist der Druck breiter verteilt, was natürlich von denen, die besser dran sind, als schlimmer empfunden wird. Hier in der Bundesrepublik macht man die Armut zum Problem der Müllabfuhr – man will einfach nicht wissen, was im Keller los ist. Dahin schickt man bestenfalls die Dienstboten zum Weinholen.
Deshalb ist es auch so langweilig, wenn die *taz* oder andere vom »Bankrott des Sozialismus« schreiben. Denn die Kategorien von Sieg oder Niederlage greifen da überhaupt nicht – das Problem des Lebens in der Tiefe bleibt für die Welt bestehen.

Auch die »Republikaner« werden zu einem nicht unbeträchtlichen Teil von Leuten aus der Tiefe, aus den Vorstadtsilos gewählt ...

Hinzu kommt in dem Fall, daß es irgendwann obszön wurde, darüber zu streiten, ob in Stalingrad deutsche Soldaten verheizt wurden, die da krepierten und nicht wußten, wie ihnen geschah. Das wurde doch immer über die pauschale Erledigung der Schuldfrage ideologisch abgehakt. Außer Syberberg hat sich nie jemand damit beschäftigt, daß das doch nicht alles Verbrecher waren; da gab es wirkliche Bedürfnisse, die kanalisiert und ausgenutzt worden sind.

Schließlich handelt es sich um eine Tragödie, die bisher völlig unterschlagen worden ist – die Tragödie des deutschen Volkes und das Ende der deutschen Nation. Das alles ist verdrängt worden, deswegen gibt es auch keine gute deutsche Literatur über den Zweiten Weltkrieg. In dieses Vakuum stoßen jetzt die Rechten.

Zum ersten Mal kam das mit dem Bitburg-Skandal hoch; da ging es doch auch um die Frage: Was macht man mit den Toten? Und so schwer es mir fällt, da mußte ich der anderen Seite recht geben. In *Sieben gegen Theben* von Aischylos widerfährt noch den Toten beider Seiten Gerechtigkeit – denen, die im Kampf für die Polis fielen, und denen, die auf der Gegenseite ihr Leben ließen. Aber das ist das letzte Mal in der europäischen Geschichte, daß die Toten nicht entrechtet sind. In der *Antigone* des Sophokles setzt bereits der staatliche Griff nach den Toten ein: Der Staat bestimmt, wer geehrt wird und wer nicht. Dieser Abstieg ist auch die Bedingung der Möglichkeit von Fundamentalismus.

> *Nun ist ja Fundamentalismus eine nordamerikanische Erfindung. »Fundamentalismus ist die Bezeichnung für eine orthodoxe Bewegung, die sich gegen das Eindringen kritischer Theologie in die protestantischen Kirchen wendet und zum Affenprozeß in Dayton (1926) führte, hier und da zu dem Verbot, die naturwissenschaftliche Entwicklungslehre in den Schulen vorzutragen, weil sie mit der biblischen Schöpfungslehre unvereinbar sei«, heißt es im Brockhaus von 1930 …*

Von allen Fundamentalismen ist der US-amerikanische der gefährlichste. Die Amerikaner glauben doch wirklich, daß sie in »God's Own Country« leben – das ist grundlegend für die amerikanische Politik, die ihre Wurzeln im Puritanismus hat. Deswegen fühlen sie sich immer im Recht; sie sind die Freiheit, und die Freiheit muß mit allen Mitteln verteidigt werden. Die CIA hat tatsächlich versucht, Castro mit präparierten Zigarren in die Luft zu sprengen, und die haben auch wirklich Kartoffelkäfer über der DDR abgeworfen.

Es macht die Amerikaner so gefährlich, daß sie so viel weiter hinter dem Mond wohnen als die Russen. Und die Urformel ihres Fundamentalismus lautet: »Nur ein toter Indianer ist ein guter Indianer.« Man muß sich auch das vor Augen führen, wenn man die Reaktion der Alt-Kommunisten in China begreifen will: Als auf dem Platz des Himmlischen Friedens diese Freiheitsstatue errichtet wurde, sind die in Panik verfallen. In China sind Zeichen sehr wichtig, und da meinten sie wohl, das sei ein Verkehrsschild Richtung USA, und da helfen nur noch Panzer.

Aber das Problem ist, daß es in diesem Zusammenhang eben nur westliche Zeichen gibt. Vielleicht mangelt es ja in der Bundesrepublik auch deswegen an guter Kunst, weil man hier den Instinkt für die Gewalt von Zeichen verloren hat.

Der Fundamentalismus in der Kunst kann doch nur auf der Frage nach dem Sinn des Lebens basieren. Aber wenn man beispielsweise durch eine Einkaufspassage in Düsseldorf spaziert, stößt man nur noch auf massenhaften Lebensersatz. Da wird Kunst plötzlich Terror, bekommt die Aufgabe, dieses Leben auszulöschen, denn das Leben in Düsseldorf ist nicht lebenswert. Fünftausend rosa Slips bejahen nicht das Leben, das schreit vielmehr nach Tod und Vernichtung, wie die Postkartenhäuser am Chiemsee. Jedes Haus ist so zu Ende geputzt, daß Umweltverschmutzung zur letzten Hoffnung wird.

Da werden sich die grünen Fundamentalisten freuen …

Die Grünen wollen doch die heile Welt, aber die heile Welt ist die letzte; es gibt kein Leben ohne kaputtes Leben.
Da freut man sich doch über jeden sterbenden Baum, weil er beweist, daß es noch Leben gibt. Wenn ich morgens Müsli esse, will ich mich eine Stunde später erschießen. Da trinke ich lieber Benzin zum Frühstück und esse gierig ein blutiges Steak dazu.

Ich wünsche mir Brecht in der Peep-Show

Betrachtungen zum Genuß

Heiner Müller, Sie leben zu fast gleichen Teilen im Osten und im Westen. Läßt sich die Fähigkeit zum Genuß unabhängig von politischen Systemen, unabhängig vom Geld diskutieren?

Man merkt die Aussichtslosigkeit einer solchen Debatte schon daran, daß einem in diesem Hotel, also dem West-Berliner Interconti, für eine Monte Christo Nr. 1 – eine sehr gute Zigarre – auf einem goldenen Pappteller ein Zigarrenabschneider hingelegt wird, der überhaupt nicht geeignet ist zum Abschneiden von Havannas, weil er nämlich einen Kerbschnitt macht statt eines glatten Schnitts. Das ist die nackte Barbarei. In solch einer Atmosphäre überhaupt nur über Genuß reden zu wollen grenzt schon an Wahnsinn. Das zeigt allerdings auch, daß Genußfähigkeit nicht nur vom

Geld abhängig ist. Am Geld liegt es bestimmt nicht, daß sie hier den richtigen Abschneider nicht haben, sondern es ist ein Mangel an Kultur. Im Grand-Hotel in Ost-Berlin gab es dasselbe Dilemma mit dem falschen Zigarrenabschneider für Havannas. Das habe ich einmal moniert, und acht Tage später hatten die einen ungeheuer klobigen, aber richtigen Zigarrenabschneider für Havannas aus Italien importiert. Es ist mir leider noch nicht gelungen, das hier durchzusetzen.

Weil die Bourgeoisie keine Kultur mehr hat?

Wahrscheinlich ist es so, daß hier Kultur einfach durch Besitz ersetzt wird.

Auch in der DDR gibt es ja inzwischen eine Reihe von Luxushotels. Sind das die Anfänge einer sozialistischen Genußkultur?

Ach, da geht es eigentlich nur um Geld – um das Geldeinkommen und Devisen abzuschöpfen. Viel wichtiger ist die Dialektik von Genuß und Revolution in der Dritten Welt. In New York habe ich den Coca-Cola-Generalvertreter für Indien kennengelernt. Er definiert sich als orthodoxen Marxisten. Wenn man ihn auf diesen scheinbaren Widerspruch anspricht – Marxist und Coca-Cola-Vertreter –, dann sagt er, daß er seine Geschäfte gründlich betreiben muß, weil er gerade als Marxist weiß, daß die Revolution in Indien keine Chance hat, bevor den Indern die Coca-Cola aus den Ohren quillt. Der Verkauf von Coca-Cola ist so gesehen Arbeit an der Weltrevolution.

Bleiben wir noch einen Augenblick in Deutschland. Sie haben sich als Dramatiker vielleicht so intensiv wie sonst niemand mit Brecht auseinandergesetzt.

Bei Brecht finden wir zwei unterschiedliche Konzepte von Genuß – zum einen die Figur des Galileo Galilei, bei der Hedonismus und gelungenes Leben in eins fallen – zum andern die frühen Entwürfe Fatzer und Baal, deren obsessives Genußverhalten ein subversives Potential bildet. Was hielt Brecht von den Genüssen, was verstand er davon?

Wenn man Brechts pornographische Gedichte liest, fällt auf, daß er immer wieder die Notwendigkeit des Duschens nach dem Beischlaf betont. Baal sagt: »Die Verbindung von Harnröhre und Geschlechtskanal – so etwas konnte nur einem Schwein einfallen.« Das ist der Baalsche Gottesbeweis – Gott das Schwein. Darauf Eckhardt: »So halten Sie den Geschlechtsverkehr auch für etwas Schmutziges.« Und da Brecht nach dem Geschlechtsverkehr auch immer geduscht hat, scheint er selbst ihn für etwas Schmutziges gehalten zu haben. Aber es ist vielleicht lächerlich, sich darüber zu verbreiten. Das Dilemma im Umgang mit Brecht ist, daß all seine politischen Intentionen oder Impulse aus seiner Verwurzelung in Mittel- oder sogar Westeuropa hervorgehen. Und daraus speisen sich auch sein Hedonismus und sein Materialismus als zwei Traditionen der europäischen Aufklärung. In dem Augenblick aber, wo Lenin seine Marxkorrektur praktiziert und die Revolution in einem unterentwickelten Land durchgeführt hat, weil sie in der Periode des Imperialismus nur da machbar sei, werden Hedonismus und Genuß ein Problem. Denn in Europa war es immer ein revolutionärer Faktor, auf den materiellen Genüssen zu bestehen. Das ist Bestandteil der Tradition der Aufklärung – auch bei Marx.
Nun aber stimmt der Satz »Erst kommt das Fressen, dann die Moral« plötzlich nicht mehr. Ab jetzt, das heißt: seit Lenin, gibt es Genuß in der sozialistischen Welt nur noch als Privi-

leg und mit schlechtem Gewissen. Das Asketische als Ideal entsteht aus der Unterentwicklung beziehungsweise aus der Marxkorrektur durch Lenin. Das Asketische war jedoch für Brecht nie vereinbar mit dem Revolutionären. Das ist der Bruch, wo Brechts Beschreibung die Wirklichkeit nicht mehr faßt, in der er gelebt hat.

Der Verfasser des Galilei *fuhr in den 20er Jahren Sportwagen.*

Das ist richtig. Aber ich glaube, daß das stets mehr Programm war als Realität, denn Brecht hat viel zu manisch gearbeitet, als daß er je Zeit gehabt hätte für das, was er programmatisch als seine Genüsse ausgegeben hat. Ich fürchte, er hat sogar schlechte Zigarren geraucht, weil er nicht genügend Freizeit hatte, eine entsprechende Kennerschaft zu entwickeln. Sicherlich auch aus dem Gefühl, daß seine Lebensuhr auf eine bestimmte Zeit eingestellt war. Er wußte wahrscheinlich, daß er herzkrank war. Ich will darüber nicht spekulieren, aber es liegt nahe, daß diese Herzkrankheit auch in seinen Arbeitsrhythmus eingegriffen hat. Denn wenn man das Gefühl hat, man hat viel Zeit, dann hat man ein anderes Verhältnis zu Genüssen, als wenn man das Gefühl hat, man hat nicht viel Zeit. Es war also ein sehr hastiges Genießen, weil diese Zeit immer abging von der Arbeitszeit. Der eigentliche Genuß war dann doch eher die Arbeit.

Eine in heutiger Zeit nicht mehr sehr verbreitete Haltung ...

Das ist das Ärgerliche in unserer Wegwerfkultur. Es wird Wegwerfliteratur oder -kunst produziert, damit verschwindet der Genuß aus der Kunstproduktion. Das Zeug ist ungenießbar, aber es ist auch kein Genuß, es zu machen. Jedenfalls kann ich mir das bei diesem ganzen Schrott, der da geschrieben und produziert wird, nicht vorstellen. Es macht keinen Spaß, das zu schreiben, zu spielen oder zu sehen. Einfach ein leerer Vollzug. Die Theater sind eben da, wie ein leeres Loch, das gefüllt werden muß. Man hat Angst, daß das Loch sichtbar wird. Nur aus diesem *horror vacui* laufen die Spielpläne weiter, läuft der ganze Betrieb weiter.

Als gesellschaftlicher Luxus, bei dem die Leute draußen bleiben. Ist das nicht ein sehr gebrochener Genuß, wie der, im Nobelrestaurant zu sitzen und vor der Tür die Penner zu sehen?

Obwohl, wenn man bei dem Bild bleibt, es wirklich ein revolutionärer Akt wäre, wenn die Leute daraus Genuß beziehen würden, daß draußen Leute sitzen, die nichts zu fressen haben. Wenn die Leute sich das voll bewußt machen würden, wäre es ein revolutionärer Akt. Dann gäbe es irgendwann den Schatten einer Chance, daß diese Penner allmählich so sauer werden, daß sie etwas tun. Das erste Gebot des Marxismus lautet: »Ein Sozialist gibt keine Almosen.« Im Gegenteil: Ein Sozialist sollte demjenigen, der hungert, seinen Hunger bewußt machen, indem er ihm vorißt und ihm nichts abgibt.

Das ist ja auch die Lehre von Lupo und Baal in Brechts Lehrstücken.

Was mich an Brecht interessiert, ist das Böse, das er selbst in seiner späteren Zeit sehr maskiert hat – oder zumindest der Weigel erlaubt hat zu maskieren. Aber das Böse ist bei Brecht die Substanz. Bei einer Formulierung wie der »Lust des Erkennens« im *Galilei*, wo der Akzent auf Lust liegt, weiß er auch ganz genau, daß Erkennen etwas Zwieschlächtiges ist. Genau das macht Lust – das zerstörerische Element am Erkennen oder am Denken. Da gibt es so merkwürdige Stellen im *Arturo Ui* – sicherlich nicht Brechts größter Text –, wo ein Herzton durchkommt. So zum Beispiel, wenn Roma, also Röhm, mal wieder einen Witz gemacht hat über das kurze Bein von Givola, also Goebbels, und dann sagt Givola: »Mein Bein ist kurz wie / so ist es dein Verstand, jetzt geh mit guten Beinen an die Wand.« Da merkt man den Genuß des Autors an der Formulierung, an der Situation. Es gibt ganz ähnliche Stellen mit diesem Herzton im *Coriolan*. Wo man plötzlich eine überhaupt nicht beabsichtigte und kalkulierte Sympathie mit diesem Aristokraten, der die Massen verachtet, spürt. Und Fatzer besteht wesentlich aus dem Herzton dieser bösen Stellen, und deswegen ist es der beste Text. Ich finde, das ist auch ein Beleg für wirkliche Genußfähigkeit. Zum Genießen gehört Bosheit, Rücksichtslosigkeit.

Im Prolog zu Baal *werden ja auch die Laster er- oder verklärt. Muß der Revolutionär mehr in den Lastern zu Hause sein als in der Gesellschaftstheorie?*

Es gibt einen Satz von Talleyrand, der mit Brechts Dilemma zusammenhängt: »Wer nicht vor der Revolution gelebt hat, kennt die Süße des Lebens nicht.« Mit der Revolution setzt das schlechte Gewissen am Genuß ein, das schlechte Gewissen am Privileg. Ich hatte da eine merkwürdige Erfahrung in New York. In einem Text über Postmoderne schrieb ich: »Talent ist ein Privileg. Privilegien müssen bezahlt werden.« Das mußte übersetzt werden, und da saßen nun diese amerikanischen Germanisten und wußten nicht, was sie tun sollten. *Privilege* ist positiv besetzt, und es ist überhaupt nicht machbar, einem Amerikaner eine negative Besetzung von Privileg nahezubringen. Das ist die puritanische Tradition. Wer Geld hat, hat es von Gott, und da ist nichts zu machen. Das ist der Schnitt, den die Revolution in die Samenstränge gemacht hat.

Dasselbe gilt für Luxusgüter. Nach der kubanischen Revolution sind die Zigarren schlagartig schlechter geworden, weil die Bedingungen von Sklaverei nicht mehr gegeben sind. Überhaupt führt die Befreiung von der krassen physischen Ausbeutung in den sozialistischen Ländern zu einer Niveausenkung bei den Luxusgütern. Luxus braucht Sklaverei.

Krasse physische Ausbeutung wird ohnehin mehr und mehr durch Maschinen ersetzt. Das schlechte Gewissen gegenüber dem Privileg entfällt doch sicherlich, wenn der Genuß nicht mehr die Verelendung Dritter zur Voraussetzung hat?

Brechts Duschen nach dem Beischlaf resultiert natürlich auch aus der Angst vor Strafe. Sexualität hat zumindest für die heute Fünfzig- bis Neunzigjährigen den Charakter einer Grenzüberschreitung. Und das verschwindet wahrscheinlich auch durch die Kommerzialisierung und Industrialisierung von Genuß. Robert Wilson erzählte mir von einer Einrichtung in Japan, wo die Angestellten nach Büroschluß mit ihren Aktenkoffern vor Schaltern Schlange stehen, an denen man für umgerechnet fünf Mark nichts anderes tut, als – so schön amerikanisch formuliert – »to eat pussy«. Sie stecken da also ihr Geld rein, und dann erscheint ein Stück Frau, der Ausschnitt, um den es geht. Aber wahrscheinlich steigert diese Mechanisierung den Genuß sogar. Diese klare Mechanisierung aller Abläufe löst Angst aus, und mit so etwas kann man auf die Dauer nur umgehen, wenn man das annimmt und wenn man daraus Lust bezieht. Sonst geht man ein. Ich bin mir sicher, daß es für diese kleinen Japaner viel lustvoller ist, an dem Schalter an der Frau zu arbeiten als zu Hause, wo er diesen Ausschnitt nicht hat, wo dicht neben ihm fünfzig andere stehen mit dem gleichen Ausschnitt. Das erhöht den Genuß. So, wie die Zwölfjährigen, die jetzt mit Computern aufwachsen, auch eine völlig andere Einstellung zum Genuß haben.

Ist das nicht ein Verlust an Menschlichkeit?

Das darf man so nicht eingrenzen. Es ist doch durchaus eine Zukunft denkbar, in der der Mensch, so, wie er jetzt organisch konstruiert ist, gar nicht mehr lebensfähig ist. Bei der Luft und dem verwüsteten Öko-System, die auf uns zukommen, ist vielleicht nur noch eine Kombination aus Mensch und Maschine lebensfähig. Das ist dann fast schon ein technologischer Weg zur Unsterblichkeit, vielleicht der einzige. Auch die Entwicklung der Raumfahrt wird so etwas hervorbringen. Denn bestimmte Entfernungen und Zeiträume wird kein menschlicher oder irdischer Organismus aushalten können. Also muß man eine Kombination aus Mensch und Maschine entwickeln, leicht verwesliche oder zerstörbare Teile werden durch technische Installationen ersetzt. Der Mensch muß also immer wieder neu definiert werden. Niemandem mit einem Herzschrittmacher würde man seine Menschlichkeit absprechen, obwohl er nach der tradierten Auffassung des Menschen kein ganzer Mensch mehr ist, denn zum Teil ist er schon Maschine.

Zeichnet sich da nicht die historische Grenze der Genußkultur ab?

Wenn man sich vorstellt, daß zur Tradition der Lyrik Blumen oder aufgehende Knospen gehören, und wenn wir in ein paar Generationen so weit gekommen sind, daß es so etwas einfach nicht mehr gibt, dann muß man beginnen, aus dem Verfall der Flora Genuß zu beziehen. Ohne Genuß ist der Mensch nicht lebensfähig.

Der Genuß garantiert das Überleben?

Weiß ich nicht. Es gibt ja Experimente mit Affen, bei denen das Lustzentrum gereizt wird. Aber wenn man bei den Laboraffen ständig das Lustzentrum reizt, dann verhungern sie. Die sterben dann fröhlich wichsend und rühren keine Banane an. Wer will behaupten, daß das kein schöner Tod ist? Ich weiß es nicht, ich bin kein Affe.

Genuß kann auch töten. Ist Brechts Lust am Bösen nicht ähnlich der Masseneuphorie im Nationalsozialismus oder der Kriegsbegeisterung 1914?

Das ist sicherlich zu verkürzt. Ich lese gerade einen Thriller von Ted Allbeury, der mit einer Episode während des Rußlandfeldzugs der Nazis bei Leningrad beginnt. Da vergewaltigt ein deutscher Feldwebel eine junge Russin, während ihr sechsjähriger Sohn ihr die Hand hält. Danach wird sie von dem Soldaten erschossen. Verblüffend, daß dieser Trivialtext klarmacht, was der Krieg für die Männer gewesen ist: die Befreiung von der Ausbeutung. Und zwar in jeder Hinsicht, sie waren auch frei von allen bürgerlichen Bindungen. Bernd Böhmel, ein Freund von mir aus Dresden, hat den Schlieffen-Plan in marxistischen Kategorien analysiert. Der Schlieffen-Plan besteht daraus, daß der rechte Flügel durch das neutrale Belgien und Holland marschiert, um dann den Gegner von hinten zu fassen und vor sich herzutreiben. Das war, marxistisch gesehen, die Befreiung des Proletariats aus der Ausbeutung durch die Rückführung in den Jägerstatus. Die historische Regression wird zugleich als Befreiung erfahren.

Das ist ein Motiv für die Kriegsbegeisterung 1914. Das Herauslösen aus den bürgerlichen Bindungen und Hemmungen ist beim Kriegsrausch wohl das Entscheidende. Der Krieg ist die große Pubertät. Auch bei Solschenizyn, in dem Roman *1914*, gibt es solche Stellen. Nach der Schlacht reitet ein Offizier über das Schlachtfeld, und es fällt ihm ein, daß er ja eine Frau und Kinder hat, und plötzlich merkt er, daß er das alles gar nicht mehr braucht. Beim deutschen Faschismus ist das ähnlich. Er bezieht seine Kraftquelle aus suizidären Energien. Wie beim Schlieffen-Plan hatte auch die militärische Logistik der deutschen Wehrmacht keine Reserven. Alles wurde auf Angriff gesetzt, und das im doppelten Wortsinn. Es gab auch keine Reserven im Sinne von Hemmungen oder Zurückhaltung.

Das sind doch Energien, für die die antiken und mittelalterlichen Gesellschaften in Form von dionysischen Festen oder in der Tradition des Karnevals Ventile hatten. Diese kollektiven Genuß- und Rauschtraditionen sind vorsätzlich demontiert worden. Entweder weil ihr subversives Potential zu groß war, oder um sie für staatliche Zielsetzungen fungibel zu machen.

Ich habe neulich eine Geschichte von einem jungen DDR-Autor namens Walsdorf gelesen, die sehr aufschlußreich ist. Auf einem Klo in Königswusterhausen bei Berlin wollte ein zwölfjähriger Junge pinkeln, hatte aber kein Geld. Da sagte die alte Klofrau: »Wenn du kein Geld hast, kannst du auch nicht pinkeln.« Und er: »Ich muß aber.« Darauf die Klofrau: »Das kann jeder sagen, hier kann doch nicht jeder machen, was er will. Ich bin sechzig Jahre alt und habe noch nie getan, was ich wollte.« Das ist die Basis des Faschismus, der totalitären, aber auch der demokratischen Systeme. Wenn jeder macht, was er will, geht gar nichts mehr. Vielleicht aber auch alles. Das ist das Interessante an de Sade und seiner These, daß der Staat über die Jahrtausende mehr Menschen getötet, gequält und gefoltert hat, als alle privatkriminellen Energien es je zustande bringen würden.

Ist es nicht gerade dieses bewußte und staatlich kontrollierte Freisetzen aller asozialen und auch kriminellen Regungen, die den deutschen Faschismus als Staatsmacht kennzeichnet?

Es gibt da ein Experiment der UNESCO, wo irgendwelche schlauen Intellektuellen untersuchen wollten, wie Afrikaner, die nie zuvor Filme gesehen haben, auf Kino reagieren. Und so wurden in einem zentralafrikanischen Dorf Kurzfilme von Chaplin und Dokumentarfilme aus Auschwitz und Buchenwald vorgeführt. Es gab einen großen humanistischen Schock, denn die Schwarzen lachten sich über die Dokumentarfilme kaputt, während sie bei Chaplin keine Miene verzogen. Nach längeren Befragungen stellte sich heraus, sie freuten sich, weil sie vorher nie gewußt hatten, daß Weiße so dünn sein können. Denn das eigentlich Schockierende war ja, daß der Hitler in Geographie so schlecht war und etwas mitten in Europa gemacht hat, was man unter anständigen Menschen nur in Afrika, Asien oder Südamerika tut. Das ist, als ob einer in die gute Stube scheißt.

Das zeigt doch auch, wie schwer es ist, von Genuß zu sprechen, wenn ein großer Teil der Weltbevölkerung Hunger leidet ...

Käthe Reichel erzählte mal, wie sie mit Brecht Unter den Linden in einem Speiserestaurant war, und es gab Spargel. Das war damals, kurz nach dem Krieg, sehr selten, und

Brecht hatte Spargel sehr gern. Er bestellte also Spargel mit Kalbsschnitzel und bekam ein paar verkümmerte, holzige Spargelstangen ohne Köpfe. Daraufhin verlangte er das Beschwerdebuch. Der Kellner brachte aber statt dessen den Geschäftsführer. Und der entschuldigte sich gleich: »Wir korrigieren das sofort, Herr Brecht.« Brecht bekam also den Spargel mit Köpfen, und es war alles sehr gut. Aber nachdem er gegessen hatte, verlangte er trotzdem das Beschwerdebuch. »Hat es Ihnen nicht geschmeckt, Herr Brecht?« fragte der Kellner. »Doch, es war sehr gut«, antwortete Brecht, »aber die Tatsache, daß ich das jetzt bekommen habe, bedeutet ja, daß nun ein anderer den Spargel bekommt, den Sie mir vorher geben wollten, und deswegen will ich das Beschwerdebuch.« Und das hat er dann ins Beschwerdebuch eingetragen. Vielleicht ist das eine Antwort zum Thema Genuß und Dritte Welt.

Wie ist es denn eigentlich um die Genußfähigkeit von Künstlern bestellt? Ich denke an den Tod vieler Heroen der Rockmusik wie Jimi Hendrix, Janis Joplin oder Jim Morrison durch übermäßigen Drogengenuß. Kann man denen noch Genußfähigkeit attestieren?

Nee, das glaube ich nicht. Das sind Genußmittel, und sie selbst sind völlig genußunfähig, sonst könnten sie nicht Genußmittel sein.

Aber ich glaube, daß zum Beispiel Kleist genußfähiger war als Goethe. Das hängt sicherlich damit zusammen, daß Goethe gesünder war als Kleist. Gesünder auch im Sinne von anpassungsfähiger, was sich auf den Umgang mit den Verhältnissen und Verhaltensnormen bezieht. Goethe war, wenn man so will, realitätstüchtiger als Kleist. Aber eine solche Gesundheit beschädigt die Genußfähigkeit. Je gesünder man

ist, um so weniger kann man genießen. Kleist war offenbar in der Lage, sogar seinen Selbstmord noch zu genießen.
Brecht hat vor allem, trotz aller unvermeidbaren Eitelkeit, die da immer im Spiel ist, die Proben mit den Schauspielern genossen. Es war einfach schön anzusehen, wie Brecht es genoß, mit den Schauspielern umzugehen, Sachen zu erfinden, wieder zu verändern, etwas vorzuspielen, sich etwas anzusehen. Da war er völlig naiv, ganz bei sich, ohne irgendein Kalkül oder intellektuelle Festungsbauten. Auf den Proben war er wie ein Kind, das spielt. Natürlich auch mit allen Macken, die dazugehören – autoritär manchmal. Jedesmal, wenn eine Produktion anfing – das war wie eine Gesetzmäßigkeit –, gab es nach ein paar Tagen einen Riesenkrach. Krach hat eine wichtige Funktion im Theater, und Brecht hat bei diesem Krach regelmäßig erst mal den technischen Direktor entlassen. Den hat er ganz künstlich zusammengeschrieen, sozusagen Wut gespielt. Der technische Direktor wurde also entlassen, setzte sich aber hinter die Bühne und packte seine Stullen aus, bis die Weigel kam und sagte: »Sie wissen doch, Brecht hat es nicht so gemeint« – und ihn wieder einstellte. Aber mit den Schauspielern hat er so etwas nie gemacht. Denn das waren seine Spielkameraden.

Ich glaube, es war Baudelaire, der gesagt hat, daß sich die Künstler dadurch von den Bürgern unterscheiden, daß sie Momente ihrer Kindheit bewahrt haben.

Das Wesentliche beim kindlichen Spiel ist das Verantwortungslose. Diese Verantwortunglosigkeit des kindlichen Spiels aber hat unter bestimmten Bedingungen wieder einen Bezug zum Bösen. Eisenstein meinte, Chaplins Kraft rühre daher, daß Chaplin eigentlich ein böses Kind sei oder zumindest ein böses Kind spiele. Kinder sind böse von Natur – das war das Dogma der orthodoxen russischen Pädagogik –, und als Beleg brachte Eisenstein folgendes Beispiel: In einem Leningrader Hinterhof sitzt ein alter, gebrechlicher Mann auf einer Bank, und um ihn versammelt sich eine Schar Kinder zwischen sechs und zehn Jahren, die ihm erzählen, daß aus ihm nun bald Leim gemacht wird, weil er so alt ist. Eisenstein sah das als eine Wirkung von Chaplin-Filmen an.

Büßt das Spiel diese Wirkung ein, wenn es mehr und mehr zur Ware wird, industrialisiert wird?

Die Anstrengung der existierenden Gesellschaften zielt darauf, das Spielen in den Griff zu bekommen. Dabei geht es natürlich kaputt. Das kommerzialisierte Spiel ist kein Spiel mehr, sondern goldener oder blutiger Ernst. Wahnwitzigerweise ist die Rüstung zu einem Bereich geworden, wo man spielen darf. Da wird der Spieltrieb der Wissenschaftler voll gefördert und wird zum mörderischen Spieltrieb. Oppenheimer hat das, als er verhört wurde, unübertrefflich formuliert. Auf die Frage, ob er die Möglichkeit wahrnehmen würde, eine Bombe zu konstruieren, die wirksamer wäre als die H-Bombe, antwortete er: »That's technically sweet to do it.« Also: »süß« im Sinne von »lecker«.

Der Spieltrieb der Wissenschaftler wird für die Rüstung mißbraucht, wie in unserer Welt das Genießen zum Gefechtsfeld von Marktstrategen wird?

Solange es Genußmittel gibt und der Genuß nicht Zweck ist, gibt es keinen Genuß. Genuß muß Zweck, nicht Mittel sein. Im Nietzsche-Nachlaß von Colli/Montinari habe ich eine Stelle gefunden, wo Nietzsche seinen Kommunismus, seine Idee von Kommunismus formuliert. Jeder vernünftige

Mensch weiß, daß dieses Universum eines Tages aufhört zu existieren – durch Implosion oder Entropie oder was auch immer –, und die einzige Frage, die sich stellt, ist, ob die Erde zu Sand wird oder in Rauch und Feuer aufgeht. Das ist die Entscheidung, die die Menschheit zu treffen hat: Feuer oder Staub. Und daran knüpft Nietzsche an mit der Frage, ob dieser Untergang als allgemeines Gejammer stattfinden wird oder ob es der Menschheit gelingt, sich vorher zu einer rauschenden Festgemeinschaft zu vereinigen, also ein Gattungsbewußtsein zu entwickeln und aus dem Untergang ein Fest zu machen. Das ist ein sehr guter Gedanke, denn er denkt den Genuß als Zweck zu Ende.

Wenn man zum Beispiel lernen würde, mit den Rauschgiften gut umzugehen und diesen Umgang richtig zu organisieren, wäre das ein ungeheurer Fortschritt. Gesellschaften ohne Staat, wie die Indianerkulturen, verfügten über Techniken im Umgang mit den Drogen, die es erlaubten, daß der Festcharakter beibehalten wurde. Jedes Wochenende war ein Drogenfest, weil alle damit umgehen konnten. Damit war die Entgrenzung kollektive Erfahrung, und während der Woche konnte man wieder Teppiche knüpfen oder sonstwas tun, um das nächste Wochenende zu finanzieren. Diese Gesellschaften haben Genuß und Entgrenzung als Zweck verstanden. Vielleicht könnte man den Spieltrieb der Wissenschaftler auf diese Bereiche lenken. Da gibt es sicherlich viel zu entdekken.

Die extremste und am meisten utopische Position dazu formuliert Brecht in seinem Gedicht: *Als ich im weißen Krankenzimmer der Charité ...*, wo es heißt: »Schon seit geraumer Zeit / hatte ich keine Todesfurcht mehr. (...) Jetzt / gelang es mir, mich zu freuen / alles Amselgesanges nach mir auch.« Das ist wohl die äußerste Formel für Genuß – auch im Gegensatz zu der Fatzer-Formel: »Alles, was nach mir geschieht, ist, als geschehe es nicht.« Diese Position des Genießens zu erreichen, ohne Religion oder Jenseitsglauben, ist das eigentliche Ziel.

Denn diese ganze politische Scheiße – gerade in unserem Jahrhundert wird das besonders manifest – entsteht doch aus der Todesangst der Politiker. Die Wirkung der Politik als Bremse gesellschaftlicher Veränderungen, als Bremse des Fortschritts, die Politik als Wissenschaft der Bremserpraxis, als Geschichte gegen den Fortschritt, resultiert daraus, daß sich die Politiker so wichtig finden oder durch das öffentliche Interesse so wichtig gefunden werden. Weil alles fortlaufend auf sie konzentriert ist, denken sie immer an den schrecklichen Moment, wenn sie nicht mehr wichtig, also nicht mehr vorhanden sind. Und so tun sie alles, um diesen Moment zu verdrängen oder hinauszuzögern. Deshalb müssen sie bremsen, sie müssen also eigentlich die ganze Welt anhalten, um zu verdrängen, daß sie irgendwann weg sein werden.

Für dieses Problem gibt es wirklich keine andere Lösung als die von Lenin vorgeschlagene: daß Politiker sich mit 50 umbringen müssen, um für die nächsten Platz zu machen. Das hat Lenin tatsächlich vorgeschlagen, und Trotzki hat es verhindert. Jedenfalls behauptet Trotzki, er habe Lenin am Selbstmord gehindert. Aus dieser Perspektive gesehen, ist es schon eine fast surreale Dialektik, daß Stalin an seinem Mißtrauen gegen die Ärzte gestorben ist. Eine der letzten Wahnideen von Stalin war der Prozeß gegen eine vermeintliche Verschwörung jüdischer Ärzte. Schließlich hat er sich von einem Tierarzt behandeln lassen, und daran ist er gestorben. Sein letzter behandelnder Arzt war ein Veterinärmediziner, Stalin ist ein Opfer der Veterinärmedizin.

Kann die Sexualität noch als Pendant zum Todestrieb wirken, wo sie doch nach unserer Schlaraffenland-Logik immer disponibler wird?

Da setzt der Reiz der Mechanisierung ein. Emotionen oder emotionale Arbeit werden durch Mechanisierung ersetzt. Das hat auch religiöse Züge. Die Peep-Show ist eine sakrale Einrichtung. In der Mitte steht der Altar, der sich dreht, auf dem – als Gottesersatz – die unantastbaren Göttinnen postiert sind. Das Objekt Frau wird durch diese Präsentation auch vom Objektstatus emanzipiert. Als Metapher für den Zustand einer Gesellschaft ist das eine tolle Erfindung. In Gestalt von Sperma werden diesen säkularisierten Madonnen dann Menschenopfer für den Fortbestand der Gattung gebracht. Denn es ist gleichzeitig ein Abstrich an der Überbevölkerung. Und die vollgewichsten Eimer oder Tüten werden groteskerweise von Gastarbeitern rausgetragen, den einzigen, die an der Überbevölkerung interessiert sind, weil es ihre einzige Chance ist, überhaupt einen Platz in der Geschichte zu erobern. Eines meiner Lieblingsbilder ist es, mir Brecht in der Peep-Show vorzustellen. Zu wissen, wie er sich da verhalten hätte, das wäre schon sehr interessant ...

Hätte Brecht sich nicht gewehrt gegen die Onanie in der Peep-Show, gegen den ständigen Kult ums Ich?

Na ja, ich glaube, daß das teilweise auch eine positive Entwicklung ist, weil die Tabuisierung der Onanie die Menschen auch gesellschaftlich fesselt. In den USA gehen selbst ältere Damen in die Sex-Shops und lassen sich beim Kauf von Phalli und Dildos für den Hausgebrauch ausführlich beraten. Bei uns gibt es immer noch diesen Schrecken vor der Instrumentalisierung von Genuß oder der Delegierung des Genusses an Instrumente. Aber die ganze Menschheitsgeschichte basiert auf dem Gebrauch von Instrumenten und Werkzeugen, also muß man die Konsequenz auch in Kauf nehmen. Es ist dies auch eine Form der Entgrenzung von Genuß oder Sexualität, denn wenn man Genuß oder Sexualität eingrenzt – erlaubte von unerlaubten Praktiken scheidet –, verschwindet wieder etwas in den Kellern, was dann irgendwann in Gestalt von Aggression oder Perversion wiederaufersteht.

Die Entgrenzung von Genuß und Sexualität ist Bedingung einer humaneren Kultur. Dabei geht es auch um die Tierwerdung des Menschen, die Versöhnung mit seiner Animalität. Wenn die Delphine gerade keinen Partner haben, dann onanieren sie an einer Koralle oder einem x-beliebigen Riff. Sie machen das ständig, denn Sexualität bildet den Hauptinhalt ihres Lebens. Die Eingrenzung des sexuellen Genusses ist eine der schlimmsten historischen Entwicklungen.

Aus dieser Sicht steht nun Brechts These, daß die kleinste gesellschaftliche Einheit von zwei Menschen gebildet wird, zur Debatte. Es gibt den Satz: Die Onanie gehört zu den größten Erfindungen der Menschheit. Das ist nicht nur völliger Quatsch – wer nicht onanieren kann, kann auch nicht ficken. So gesehen ist es einfach logisch, daß die kleinste gesellschaftliche Einheit von einem gebildet wird, der das nur über andere erfahren kann. Negativ formuliert: Wenn die sexuellen Organe der Kinder nicht zuerst von den Eltern berührt werden, ist das eine Verweigerung, und Onanie wird zum Notruf. Umgekehrt wäre es gesünder, denn dann ist es eine Kommunikation. Man kann das auch auf Pascal zurückführen, der meint, daß all das Unglück in der Geschichte daraus resultiert, daß die Menschen nicht mit sich allein sein können. Wer nicht lernt, sich selbst zu lieben – und das geht allein über die Liebe der Eltern –, kann sich selbst nicht akzeptieren, und daraus resultiert Aggression als Folge dieser Frustration. Alle großen Weltentwürfe drehen sich um diesen Punkt: Kierkegaards Theorie über die Erbsünde und die religiöse Urangst ist die Angst vor der eigenen Sexualität. Auch Nietzsches ewige Wiederkehr des Gleichen ist ein typisches Onaniesyndrom.

Der Unterschied zwischen Onanie und einer Fahrt in der U-Bahn ist, daß man in der U-Bahn mehr Leute kennenlernt. Das ist Nietzsches Problem – er kannte zuwenig Leute. Oder nehmen wir Kant an seiner berühmten Wichs-Eiche mit dem ewigen Sternenhimmel über ihm. Das Geheimnis der gesamten Philosophiegeschichte besteht eigentlich nur in der Unfähigkeit der Denker, mit dem Genuß umzugehen, zum Genuß zu kommen. Aus dieser Frustration entsteht Philosophie. Denn das eigentlich Reale ist der Genuß. Die Verweigerung oder Selbstverweigerung des Genusses bringt die Ungeheuer hervor. Die ganze Raketentechnik ist doch ein Ergebnis von Frustration – sie zeigt den Wunsch nach Ejakulation, und die Bombe ist die totale Ejakulation.

Also ein Plädoyer dafür, mit Entspannung und Genuß auf zuckende Muskeln zu reagieren?

Völlig richtig. Der Mensch ist ja nichts anderes als sein Körper. Auf den muß man hören und reagieren. Die Begabung in der Kunst besteht genau darin, auf den eigenen Körper zu reagieren und den eigenen Körperrhythmus in das entsprechende Medium umzusetzen. Deshalb ist auch Freuds Sublimierungstheorie völliger Unsinn, denn Kunst kommt aus dem Körper und nicht aus einem vom Körper getrennten Kopf.

Erst wenn ein Schauspieler den Text auch in den Füßen hat und er von da hochkommt, ist es Theater. Theater ist ein Dialog zwischen Körpern und nicht zwischen Köpfen. Das genaue Gegenteil davon ist Sport: Sport zielt auf die Unterdrückung von Sexualität und ist ein pures Herrschaftsinstrument. Sport zielt auf die Vernichtung des Körpers durch die Selektion einzelner Körperteile. Dagegen ist das Wesentliche an der Kunst das Unkontrollierbare, das Durchbrechen der Kontrolle, die Verunmöglichung von Kontrolle.

Die Tradition der Kunst ist die Tradition des Rausches, und jeder Versuch von Gesellschaften, den Rausch zu unterdrükken, führt allein dazu, daß diese Energien viel monströser aus irgendeinem nicht bewachten Gully hervorschießen. Wenn die Energien, die zwischen einzelnen Menschen strömen, kontrolliert und unterdrückt werden, entladen sie sich irgendwann in furchtbaren Massenbewegungen. Daraus entstehen Katastrophen. Wer also die Begegnung zwischen einzelnen Partnern verhindert, arbeitet an der Apokalypse.

Plädoyer für den Widerspruch

Ein Wort nicht nur in eigner Sache: daß ich bei der Berliner Demonstration am 4. 11. den Text einer INITIATIVE FÜR UNABHÄNGIGE GEWERKSCHAFTEN vorgelesen habe, hat offenbar viele Gemüter erregt. Einen Kommentator der Aktuellen Kamera so heftig, daß er einen Rückfall in die Tierlaute der Stalinzeit (GRÜPPCHEN KOCHEN SÜPPCHEN) nicht vermeiden konnte. Auch der Theaterkritiker des NEUEN DEUTSCHLAND hielt es für nötig, der Welt mitzuteilen, daß ich kein Volksredner bin. Ich kann ihn beruhigen: das war nie mein Berufswunsch. Ich glaube allerdings, daß seine Kritik an meiner »Demoreife« mehr den Text als die Sprechtechnik meint. Mein Fehler: ich hatte den strapazierten Begriff DIALOG so verstanden, daß er niemanden ausschließen sollte. Als mir am Fuß der improvisierten Tribüne eine Welle von Haß entgegenschlug, wußte ich, daß ich

an Blaubarts verbotene Tür geklopft hatte, die Tür zu dem Zimmer, in dem er seine Opfer aufbewahrt. (Pfeif- und Buhkonzerte sind der – selten erfüllte – Traum eines Theaterautors: das Publikum zeigt Wirkung.) DAS WAR BILLIG sagte zwischen den Zähnen ein älterer Ordner. Inzwischen weiß ich, daß der Mann recht hatte. Wenn man die Forderungen der Initiative für unabhängige Gewerkschaften an den Privilegien mißt, die Funktionäre nicht nur des FDGB sich herausgenommen haben, sind sie eher bescheiden, die Sorgen um die Zukunft, die der Aufruf formuliert, bei dem maroden Zustand unserer Ökonomie allzu verständlich. Die feudalsozialistische Variante der Aneignung des Mehrwerts, Ausbeutung mit andern Mitteln, ist die Konsequenz aus der Stalinschen Fiktion des Sozialismus in einem Land, deren Realisierung zur Kolonisierung der eignen Bevölkerungen in den osteuropäischen Ländern geführt hat. Das Volk als Staatseigentum, eine Leibeigenschaft neuen Typs.
Ich zweifle, ob gerade dem FDGB, der bislang die Interessen von Staat und Partei gegen die Arbeiter vertreten hat, das Münchhausenstück gelingen wird, sich an den eignen Haaren aus dem Sumpf zu ziehn; ich meine, er braucht Hilfe, d. h. Konkurrenz. Das Dogma von der führenden Rolle der Staatspartei in allen Bereichen hat zur Stagnation in allen Bereichen geführt, zum Prinzip der negativen Auslese: Gesinnung vor Leistung, Sicherheit vor Produktion, zur Diktatur der Inkompetenz. Marx sprach von der Dummheit, die noch schreckliche Tragödien aufführen wird. Die Tragödie des Sozialismus ist die Trennung von Wissen und Macht. Der Niedergang eines Gemeinwesens beginnt mit dem Verfall der Sprache. Wo die Benennungen nicht mehr greifen, greift keine Praxis. Das Leben in der Phrase statt auf dem Boden der Tatsachen hat zur einzigen Überschußproduktion in unsrer Mangelwirtschaft die Produktion von Staatsfeinden gemacht, die den Mangel reproduziert. Wir haben unsern

Staat nicht für die Geschichte gebaut, sondern für die Statistik. Jetzt schreitet die Geschichte auf den Füßen einer riesigen Mehrheit über die Statistik hinweg. Der Prozeß ist revolutionär, vielleicht die erste Revolution in Deutschland, das Tempo ist schwindelerregend, eine sozialistische Revolution ist es nicht und kann es, nach Jahrzehnten stalinistischer Perversion des Sozialismus, nicht sein. Freie Wahlen sind notwendig, aber die konkrete Analyse der konkreten Situation sollte ihre Bedingung sein. Mit der Forderung nach UNO-Kontrolle unterschätzen die demonstrierenden Massen ihre Macht, UNS AUS DEM ELEND ZU ERLÖSEN / DAS KÖNNEN WIR NUR SELBER TUN. Daß mein Verhältnis zu freien Wahlen nicht ungebrochen ist, hat mit meinem Geburtsjahr zu tun: im Gegensatz zu Lenin kam Hitler durch freie Wahlen an die Macht, insofern ist auch Auschwitz ein Resultat von freien Wahlen, und ich bezweifle, ob es in der BRD unter dem Diktat der Industrie freie Wahlen je gegeben hat. DAS KAPITAL IST SCHLAUER / GELD IST DIE MAUER lese ich auf einem Westberliner linken Flugblatt. Meine Sorge: daß die Massen, die aus dem Schatten Stalins mit einem Jahrhundertschritt herausgetreten sind, im Rausch der Freiheit diese Mauer, die durch die Welt geht, aus den Augen verlieren. Meine Hoffnung: daß die SED besser ist als ihre Führung (deren Hauptschuld die Unterdrükkung des intellektuellen Potentials der Basis), und von der Straße lernt, daß Bewegung von unten ausgeht, Erstarrung von oben, und überlebt als eine andre Partei, vielleicht nicht durch Einheit. Lenins Fraktionsverbot, für Machterhaltung gegen die Fortsetzung der Revolution, die nur ein Prozeß sein kann und kein Besitzstand, ist der Virus, der die kommunistischen Parteien seit siebzig Jahren schwächt. Was jetzt gebraucht wird, ist nicht Einheit, sondern die Ausformulierung der vorhandenen Differenzen, nicht Disziplin, sondern Widerspruch, nicht Schulterschluß, sondern Offenheit für

die Bewegung der Widersprüche nicht nur in unserm Land. Ohne die DDR als basisdemokratische Alternative zu der von der Deutschen Bank unterhaltenen Demokratie der BRD wird Europa eine Filiale der USA sein. Wir sollten keine Anstrengung und kein Risiko scheun für das Überleben unsrer Utopie von einer Gesellschaft, die den wirklichen Bedürfnissen ihrer Bevölkerung gerecht wird ohne den weltweit üblichen Verzicht auf Solidarität mit andern Völkern.
Ich bin kein Wortführer einer Bewegung. Entscheidend ist, daß endlich die Sprachlosen sprechen und die Steine reden. Der Widerstand von Intellektuellen und Künstlern, die seit Jahrzehnten privilegiert sind, gegen den drohenden Ausverkauf wird wenig ausrichten, wenn ein Dialog mit der lange schweigenden oder in Fremdsprachen redenden Mehrheit der jahrzehntelang Unterprivilegierten und im Namen des Sozialismus Entrechteten nicht zustande kommt.

Geschrieben Oktober 1989,
erschienen im *Neuen Deutschland*, Dezember 1989

Das Jahrhundert der Konterrevolution

1965 sagten Sie in einem Sinn und Form-*Interview, die DDR sei für große Teile ihrer Bevölkerung ein unbekanntes Land. Ist nicht seit den Oktoberereignissen die DDR-Bevölkerung auch für den Großteil ihrer kritischen Intellektuellen und Schriftsteller ein unbekanntes Volk?*

Das stimmte sicher mehr für den Staats- und Parteiapparat. Der hat nie gewußt, welches Volk er regiert. Die Oligarchie hat es zunehmend weniger gewußt und von der Realität abgeschirmt in einer Fiktion gelebt. Das mag für einen Teil der Intellektuellen gleichermaßen zugetroffen haben, aber nicht für alle. Bei der Parteiführung hängt das sicher auch mit einem tiefen Mißtrauen gegen die eigene Bevölkerung zusammen, was verständlich war, denn in ihrer eigenen Biographie als Verfolgte und Verhaftete, ob im Zuchthaus, in der Emigration oder als Desertionspropagandisten im Nationalkomitee Freies Deutschland haben sie die Bevölkerung immer als feindliche erlebt. Dieses Mißtrauen wurde nie überwunden, sondern nur verdrängt und mit diesem Stalinzeug zugekippt. Ich glaube, in keinem osteuropäischen Land waren die Hymnen an die Große Sowjetunion so schamlos und so devot und die Inszenierungen so lächerlich. Ich erinnere mich an den Versuch, nach sowjetischem Vorbild Sicheln aufeinandergestapelt zu Monumenten zu arrangieren, was bei den einheimischen Fabrikaten nicht funktionieren konnte. Die Wirklichkeit erstarrte zur Statistik, die Realität war auf dem Papier, und was nicht in der Zeitung stand, gab's nicht.

Würden Sie für die Novemberereignisse den Begriff Revolution verwenden?

Doch, den hab ich schon benutzt, denn natürlich war das eine Revolution. Man muß sich von der linken Zuordnung dieses Wortes verabschieden. Denn auch der Staatsstreich von Hitler war eine Revolution. Der Nationalsozialismus war eine revolutionäre Bewegung. Das Wesentliche an den Revolutionen in diesem Jahrhundert ist, daß sie immer in die Konterrevolution gemündet haben. Carl Schmitt spricht von der Figur des Imperators des Heiligen Römischen Reiches als Katechon, als desjenigen, der versucht, das Vordringen der Wassermächte, der Thalassokratien, der Industrie, aufzuhalten. Die revolutionäre Klasse im materialistischen Sinn ist die Bourgeoisie, ist das Kapital. Die kommunistische Revolution, von ihren frühen chiliastischen Vorstellungen abgesehen, ist der Versuch des großen Aufhaltens gewesen. Insofern ist es nur logisch, daß der Katechon wie die byzantinischen Kaiser eine Mauer baut. Die Bindung der kommunistischen Revolution an Rußland macht das evident. Revolutionen waren nie Beschleunigungskräfte, sondern der Versuch, die Zeit anzuhalten. Ein Germanist aus Moskau erzählte mir, daß er zu einem Ernteeinsatz in eine Kolchose delegiert worden war und nach ein paar Tagen gemerkt habe, daß man die Arbeit viel besser und effektiver organisieren könne. Er sagte das einem alten Brigadier von dem Kolchos. Der Alte lächelte ganz asiatisch und antwortete: Ja, du bist jung, du bist ein Intellektueller, und du bist aus Moskau. Ich arbeite hier schon 40 Jahre, und ich werde hier noch 10 Jahre arbeiten. Wir wollen während der Arbeit auch leben. Und das ist genau der Punkt. Hier wurde das immer als Schwäche im Vergleich mit dem Kapitalismus empfunden. Die ganze ökologische Scheiße entstand aus dem völlig absurden Versuch, mit einem ganz anderen Mechanismus, mit diesem ganz anderen Trend, die anderen einzuholen, und deswegen ist die Umwelt hier verdreckter als in jedem kapitalistischen Land. Polen ist da noch extremer, die CSSR auch.

Können Sie mit dem Begriff der Nation etwas anfangen?

Beginnen wir wieder mit dem sowjetischen Beispiel. Die berühmte Stalinsche Nationalitätenpolitik hat lauter gußeiserne Einheiten geschmiedet, und alle erzwungenen und gewaltsam hergestellten Einheiten zerbrechen jetzt, und darunter kommen die nationalen Gegensätze hervor. Das ist auch die Erfahrung der DDR-Bevölkerung. Sie ist vierzig Jahre wie Kolonisierte gehalten worden, und das sind vierzig Jahre Demütigung, nationale Demütigung, wenn man zurückdenkt an die stalinistische Zeit in der DDR. Vergegenwärtigt man sich die erste Losung, in Leipzig: Wir sind das Volk... das klang ungeheuer. Völlig logisch, daß daraus schnell wurde: Wir sind ein Volk. Und daraus wird sehr schnell: Es gibt keine anderen Völker. Deshalb habe ich auch verstanden, warum der Brecht immer so mißtrauisch war gegen das Wort ›Volk‹; das macht betrunken. Er meinte, man müßte Bevölkerung sagen. Andererseits: So eine Bewegung kann nicht marschieren unter der Losung: Wir sind die Bevölkerung. Das ist das Problem an solchen Massenbewegungen, sie geraten schnell in einen Taumel und außer Kontrolle. Das hat natürlich auch etwas mit der Abwesenheit von Ideen zu tun, nachdem Begriffe wie Sozialismus und Kommunismus als Worte auf Generationen diskreditiert sind, entsteht ein Vakuum, und die allerälteste Idee kommt wieder hoch, der Nationalismus. Insofern ist es wenig verwunderlich, daß immer, wenn es soziale Probleme gibt, sie zunächst nationalistisch ausgetragen werden. Eine Emanzipation von Kolonisierten kann ohne rassistische Äußerungsformen nicht funktionieren. Das fing hier an, als die Grenzen nach Polen geöffnet wurden. Plötzlich gab es einen Polenhaß, der offenbar abrufbar in irgendeiner tiefen Schicht bereitlag, denn vorher gab es nicht einmal einen Ansatz für das Problem. Das fing an mit der Einkaufswelle. Die ökonomische Lage wurde hier schlechter. Es gab Beispiele von rassistischen Demonstrationen in Thüringen, als schon vergebene Wohnungen für deutsche Arbeiter mit algerischen Gastarbeitern belegt wurden. Folgerichtig wurden Demonstrationen gegen Algerier organisiert, gegen die Neger und so. Überall passierten solche Dinge. Das nationalistische Vokabular und Instrumentarium ist immer abrufbar.

Auf einer Montagsdemonstration in Leipzig sah man das Schild »Der Jude Gysi muß weg«. Kann man bei einer Bevölkerung, die mehrheitlich Antifaschismus als Legitimationsideologie der herrschenden Klasse versteht, von der Gefahr eines neuen Antisemitismus sprechen?

Antisemitismus erscheint mir systemneutral. Ich hörte neulich eine Äußerung eines leitenden Herrn der Deutschen Bank, der auf die Frage, was die Hauptgefahr sei, antwortete:

»Nicht der Kommunismus. Halten Sie mich bitte nicht für einen Nazi, aber die Hauptgefahr ist eine jüdische Verschwörung in New York.« Das ist nie vorbei gewesen. Die sowjetische Politik war natürlich auch antisemitisch. Stalin hatte was gegen Juden die ganzen Prozesse wurden mit diesem Schmieröl betrieben, das braucht man nur abzurufen, das ist immer da. Gefahren liegen auf anderen Ebenen. In der BRD hätte man das Schild möglicherweise weggenommen, aber bei uns wurden unautorisierte Meinungsäußerungen immer eliminiert. Da hätte auch draufstehen können »Solidarität für das kämpfende Vietnam«, das wäre auch weggenommen worden, wenn es nicht behördlich genehmigt gewesen ist. Also kann im Moment niemand Schilder wegnehmen.

Welche literarische Gattung erscheint Ihnen denn jetzt interessant und angemessen?

Schwer zu beantworten. Das ist keine Gattungsfrage, das ist eine Haltungsfrage. Mich interessiert der Gestus des Geschichtsschreibers vielleicht am ehesten. Ich habe schon lange nicht mehr an eine Zukunft der DDR zu meinen Lebzeiten geglaubt. Das ist jetzt unabhängig von der neuen Situation. Der Hauptaspekt, wenn man so lange schreibt, ist ein Dialog mit den Toten, mehr als mit den Lebenden, und dieser Dialog findet so lange statt, bis man tot ist. Das Drama war ja ursprünglich – jedenfalls die Tragödie – Totenbeschwörung, und das hat jetzt noch Sinn, auch wenn dem Publikum an dem Tisch, der da gerückt wird, die Zeit etwas lang wird. Es kann sein, daß irgendwann irgendwo wieder etwas an die Oberfläche kommt, was jetzt verschwindet, aber sicher erst, wenn ich tot bin, und das hat mit der Differenz zwischen der Zeit des Subjekts und der Zeit der Geschichte zu tun. Dazu fällt mir eine persönliche Anekdote ein, wo diese Differenz angeblich verschwunden war und dann doch wieder auftauchte; zu Weihnachten war ich bei meinem Bruder, da wohnt auch meine Mutter. Wir haben zusammen gefeiert, und meine Mutter hat drei oder vier Liköre getrunken und zum erstenmal über die Zeit gesprochen, als sie nach Westdeutschland gegangen ist und ich hiergeblieben bin. Das war 1951. Mein Vater ging zuerst weg. Er mußte wirklich, er wäre sonst im Zuchthaus gelandet. Ein paar Monate später ist sie nachgezogen. Ich wußte überhaupt nichts mehr davon. Sie erzählte mir, wie sie mit meinem vierzehn Jahre jüngeren Bruder vor mir stand und sagte, du kommst mit, du bist mein Sohn, und wir gehen jetzt in den Westen. Ich habe gesagt: nee, ich komme nicht mit. Dann erzählte sie, wie sie den Impuls hatte, mich zu ohrfeigen. Dann hat sie gesehen, wie ich da stehe und gucke. Dann fiel ihr der Arm runter und sie ist allein mit meinem Bruder gegangen. Später erst hat sie erfahren, was mein eigentliches Motiv war, ich hatte eine Freundin, sie war schwanger und konnte nicht weg, und ich wollte bei ihr bleiben. Das also war meine historische Entscheidung für den Sozialismus. Später hatte ich mir eine politische Entscheidung nacherfunden und das Ursprungsmotiv absolut vergessen.

Thukydides sieht am Anfang seiner Geschichte des Peloponnesischen Krieges die Aufgabe des Geschichtsschreibers darin, festzustellen, was groß an den Ereignissen war. Was ist groß an der gegenwärtigen Geschichte?

Da gibt es eine schöne ausweichende Antwort von Brecht, in einer Diskussion hier an der Arbeiter- und Bauernfakultät, kurz nachdem er hier ankam 1947/48. Die Studenten fragten ihn sehr streng, warum er keine Gegenwartsstücke schriebe wie Friedrich Wolf und Gustav von Wangenheim, wo wir doch in einer so großen Zeit lebten mit der Gründung der ersten sozialistischen Republik auf deutschem Boden. Er antwortete, es gibt Autoren, die langsamer schreiben, und es gibt Autoren, die schneller schreiben, ich gehöre zu den Autoren, die langsamer schreiben. Das größte und entscheidende Ereignis zur Zeit Shakespeares, eine der reichsten dramatischen Epochen der Literaturgeschichte, war die Zerschlagung der Armada, also die Ablösung der spanischen Weltmacht durch die britische. Und dieses Ereignis kommt in keinem der Stücke dieser Epoche vor.

Sie schreiben im Nachwort zur Wolokolamsker Chaussee, *sie sei der dritte Versuch einer proletarischen Tragödie im Zeitalter der Konterrevolution. Wer wären in einem Gegenwartsstück die unschuldig schuldig scheiternden Antagonisten?*

Wir sind jetzt in der Phase der Farce, nach der Tragödie, jetzt ist keine Tragödie im Gange. Da kommt auch keine mehr. Die Tragödien, die mich interessieren würden, liegen in der Vergangenheit. Denn wie das Stück weitergeht, kann sich jeder denken: die Amerikaner räumen Südamerika ab, dann räumen sie Afrika ab, die Sowjetunion zerfällt in ihre Bestandteile, und der Sozialismus in Europa verschwindet für eine Generation oder für zwei, und dann wird versucht, die andere Kammer Asien abzuräumen, und dann kommt der Krieg, das ist ja auch eine denkbare Verlängerung. Aber da ist nichts Tragisches mehr dabei. Das ist nur traurig. Das ist nicht verbunden mit irgendwelchen Ideen. Hier ist der letzte gescheiterte Versuch unternommen worden, eine Struktur aufzubauen, in der das Geld nicht der erste Wert ist, deshalb werden auch jetzt die Debatten um Korruption so leidenschaftlich geführt. In München stand vor zwei Jahren auf dem Gebäude der Deutschen Bank der Satz: Aus Ideen werden Märkte. Das ist die absolut brutalste Formel für das, was jetzt passiert. Da gibt es vielleicht Millionen von Toten, aber wenn es keine Ideen mehr gibt, gibt es auch keine Tragödie. Betrachtet man zum Beispiel den Prozeß Ceausescu. Vergleicht man ihn mit den Verfahren des Wohlfahrtsausschusses in der französischen Revolution, so ist der erste Unterschied, daß das nur im Fernsehen zu sehen war und es sonst heimlich gemacht werden mußte. Da entfällt der theatralische Aspekt völlig, denn es war nicht direkt, sondern nur vermittelt öffentlich, und dadurch entfällt das Spektakel als dramatischer Stoff. Ein tollwütiger Hund wird erschossen und verscharrt. Darüber kann man kein Stück schreiben, oder genauer, es gibt keinen Grund dafür, das ist Material für Reportagen. Das »Neue« im Moment ist kein dramatischer Stoff. Bislang habe ich auch kaum etwas Neues erfahren, es ist kaum etwas an die Oberfläche gekommen, was ich nicht kenne. Was da bisher hochgekommen ist, ist Verdrängtes, ist Verschüttetes, oft auch Dinge, die ich eigentlich schon geschrieben habe. Diese Wirklichkeit hier war so reduziert, daß man sie schreibend sehr schnell überholen und abdecken konnte.

Enzensberger entwickelte kürzlich die These, daß die großen Helden des ausgehenden 20. Jahrhunderts die Helden des Rückzugs seien…

Das ist natürlich die These eines Schriftstellers, aber ich stimme zu. Das einzig Sinnvolle in diesem Jahrhundert ist das Scheitern. Eine der interessanten Geschichten las ich kürzlich in einem Buch über die Schauprozesse in Ungarn. Der Autor war im Zusammenhang mit dem Raijk-Prozeß selbst im Gefängnis, dann wurde der Raijk rehabilitiert und mit 200 000 Leuten das Staatsbegräbnis nachgeholt. Der Autor steht in der Menge und hört einen Ungarn zu einem anderen sagen: Wenn Raijk das erlebt hätte, hätte er in die

Menge schießen lassen. Das ist toll, das ist Drama. Das ist vorbei, das ist so was wie ein zerbrochener Schlüssel. Es ist alles eine Frage der Dimension, und die Dimensionen werden immer kleiner, was für die Beteiligten natürlich keinen Unterschied macht. Man denke nur an den Prozeß der beiden Staatssicherheitsoffiziere, die den polnischen Priester Popielusko umgebracht haben. Vor Gericht wurde ganz deutlich, daß sie im Bewußtsein oder im inneren Auftrag – es gab keinen ausdrücklichen Befehl –, handelten, die sozialistischen Werte zu retten, als sie diesen Priester totschlugen. Sie fühlten sich als Märtyrer mit einer Art von Freikorpshaltung, die jetzt hier auch wieder aufkommt. Gysi und andere erhalten derzeit Todesdrohungen in poetischen Formulierungen, die an die Freikorpszeit erinnern, wie z. B. ›die Todesblumen blühen wieder‹. Das muß durchaus nicht von rechts kommen, die Staatssicherheitssoldaten sind arbeitslos. Es gibt hier viele Betriebe, die bei ihren Stellenangeboten Stasi und SED ausdrücklich ausschließen. Sie werden so gewissermaßen in die Freikorpsecke gedrängt, die gleiche Situation wie 1917/18: Wirtschaftskrise, Währungsreform steht an, nichts gelernt außer dem Bürgerkriegshandwerk, da gibt es interessante Koalitionsmöglichkeiten zwischen Ost und West: RAF und Ex-Stasi.

Was bringt denn das ›Menschenmaterial‹ der DDR, das aus einer gescheiterten Erziehungsdiktatur entlassen wird, in die Konkursmasse Deutschlands ein?

Das Bedürfnis nach einem Vater, das ist, glaube ich, verinnerlicht in den Generationen, die hier geprägt sind. Den Vater werden sie dort nicht vorfinden. Als erste Reaktion – das habe ich immer wieder gerade bei Intellektuellen beobachtet – wird Geld plötzlich ein Prestigepunkt. Gelegentlich sind sie viel brutaler im Geldverdienen als die Kollegen in der Bundesrepublik, für die Geld mehr so ein Schamteil ist, das braucht man zwar, aber man entblößt es nicht, man trägt es nicht gern offen. Diese Scham fällt weg, wenn man den Vater nicht mehr vorfindet, und man weiß, daß man jetzt im Dschungel ist, sich durchsetzen muß. Die meisten anderen »Tugenden« wie Kleingruppensolidarität und ein anderes Zeitverhältnis waren nur Bestandteile des sozialen Burgfriedens, die mit seiner Aufkündigung verschwinden.

In einer Reportage über die Lage der Psychiatrie in der DDR kam der Reporter zu dem griffigen Schluß, er sehe kein krankes Volk, sondern ein gekränktes Volk.

Klingt toll, aber es ist auch sehr verdächtig, weil es so gut klingt. Ich glaube, es ist doch sehr flach, weil 40 Jahre Kränkung krank machen. Sie sind schließlich 40 Jahre lang wie Neger behandelt worden, jedenfalls haben sie es so empfunden, und wie Haustiere. Die Neubauwohnungen hier hießen im Volksmund ›Arbeiterschließfächer‹. Das ist eine gute Bezeichnung, das ist zwar eine Bestätigung für gekränktes Volk, aber das macht auch krank. Die Versorgungsgesellschaft hat auch noch andere Effekte. Zur Zeit werden z. B. 20 000 Väter gesucht, die abgehauen sind und keine Alimente zahlen, Kinder sind allein in den Wohnungen zurückgelassen worden. Das ist durchaus eine Folge der sozialen Errungenschaften der DDR. Kinderkriegen war lukrativ, Staatskredite konnte man durch pünktliche Fruchtbarkeit »abkindern«. Dann gibt es einen Platz im Kinderhort, d. h. man wirft Kinder, um bestimmte soziale Vorteile zu genießen, ein Jahr Schwangerschaftsurlaub usw., auch das führt zu einer fürchterlichen Entfremdung und zu einer fürchterlichen Beziehungslosigkeit. Es gibt einfach kein Rauskommen aus dem Kapitalismus, solange man nicht besser ist. Der Eisler hat das mal ganz witzig formuliert, die Revolution oder der Sozialismus hätten erst eine Chance, wenn den Arbeitern die Hummersuppe aus den Ohren rauskäme.

Jetzt haben die Totalitarismustheorien – rot ist gleich braun – wieder Hochkonjunktur. Muß man jetzt im Zuge der historischen Entwicklung einschwenken, sind Gleichsetzungen möglicher, sinnvoller geworden, oder halten Sie eher an der Differenz fest?

Ja, aber es wird schwerer, es wird immer schwerer. Wenn die Russen Lenin aus dem Mausoleum holen, dann fängt für mich was Neues an. Wenn man einen Verbrecher sucht oder einen Schuldigen, dann war es Lenin. Stalin war die Folge, aber damit fing das Verhängnis an. Dieser Staatsstreich zur falschen Zeit am falschen Ort. Und der Unterschied ist letztlich doch nur der stalinistische Apparat... hier wurde in Manufaktur gemacht, was die deutschen Nazis industriell machen konnten – mit einem schrecklichen Unterschied. Brodsky erzählt in seinen Leningrader Erinnerungen eine Episode mit seinem Vater, der als Jude nicht Offizier werden konnte und wehmütig die Militärkapellen betrachtete, zu denen er gern gehört hätte. Und dann fragte der Junge: »Welche KZs sind schlimmer, die deutschen oder die sowjetischen?« Der Vater sagte ohne Zögern: »Die sowjetischen.« Der Junge fragt: »Warum?« »In den deutschen wirst du getötet, in den russischen wirst du gezwungen, darin einen Sinn zu sehen.« Das ist genau die heutige Krise. Die Leute haben vieles ertragen, denn es gab irgendwo noch eine Ahnung von Sinn, auch wenn man dagegen war, das kann man an der Kultur der Witze beobachten. Witze entstehen letztlich nur im Einverständnis. Das war eine Kultur des Widerstands gegen das eigene Einverständnis, und das ist jetzt weg. Die

Racheimpulse sind Zeichen von Selbsthaß, weil man doch in irgendeinem Winkel seines Hinterkopfes daran geglaubt hat. Ich bin ja auch nicht frei von diesem Sinn- und Rachemechanismus. Ich habe mein ganzes Leben in Diktaturen verbracht, das spielt schon eine Rolle. Ich bin kein Kind irgendeiner Demokratie. Demokratie kenne ich nur als Tourist, Diktatur ist meine körperliche Erfahrung. Man erkennt einen DDR-Bürger oder ein DDR-Kind sofort am Blick. Die haben den verdeckten Blick. Den Blick der Kolonisierten. Es gibt hier keinen offenen Blick. Das kann jetzt erst langsam kommen. Sie brauchen Gewalt, um dazuzukommen. Gewaltlosigkeit ist ja ganz schön, aber ohne daß man mal Gewalt angewendet hat, selbst gegen den Vater, kann man nicht erwachsen werden. Das ist wahrscheinlich unvermeidlich, als Durchgangsstadium.

Fällt Ihnen etwas zu Marcel Reich-Ranickis Talk-Show-Äußerung ein: Wer jetzt als DDR-Autor noch behauptet, er ist Sozialist, beweist damit, daß er schon immer korrupt gewesen ist.

Eigentlich nichts außer eine Geschichte, die mir Günter Grass einmal erzählt hat: Als junger Schriftsteller reiste er zu einer Recherche über *Die Blechtrommel* nach Polen. Polnische Freunde fragten ihn, ob er bereit sei, den Professor Reich-Ranicki zu empfangen, der unbedingt einen deutschen Schriftsteller kennenlernen wolle. Grass willigte ein und erzählte folgenden Dialog: Reich-Ranicki: Sie sind ein deutscher Schriftsteller? Grass: Ich denke, ja. Reich-Ranicki: Kennen Sie Thomas Mann? Grass: Das ist doch der mit dem Lungensanatorium. Reich-Ranicki: Sie scherzen, kennen Sie Hesse? Grass: Das ist doch der mit der Glasfabrik. Reich-Ranicki: Und Sie sind Schriftsteller. Grass: Ich hoffe doch. Reich-Ranicki: Und was schreiben Sie? Grass: Einen Roman. Reich-Ranicki: Oh, einen Roman, erzählen Sie. Grass bemüht sich, *Die Blechtrommel* wiederzugeben. Reich-Ranicki: Und das ist ein Roman? Grass: Ich denke schon. Reich-Ranicki: Und Sie sind ein deutscher Schriftsteller? Grass: Ja. Reich-Ranicki: Ich danke Ihnen für das Gespräch. Am nächsten Tag riefen Grassens Freunde an und fragten: Was haben Sie nur mit dem Mann gemacht? Der ist ganz aufgeregt und sagt in einem fort: Das ist kein deutscher Schriftsteller, das ist ein bulgarischer Spion.

Trotzdem die Frage: 1966 sagten Sie in einem Interview mit Wilhelm Girnus in Sinn und Form, *über die Rolle des Autors: Wer sich nicht engagieren will, wird engagiert. Wer hat Sie im Sinne Ihres eigenen Epigramms im Moment engagiert?*

Das war damals natürlich auch ein ironischer Satz, also nicht so parteilich gemeint, wie er klingt. Dieses Gespräch hatte auch eher den Charakter eines Verhörs im Zusammenhang mit dem Verbot von zwei Stücken. Girnus hatte beide in seinem Blatt abgedruckt und wurde dafür kritisiert und mußte sich reinwaschen. Aber davon abgesehen würde ich heute eher sagen, wer sich nicht engagiert, hat Zeit zu arbeiten. Natürlich sind die Probleme parteilicher Literatur heute zu thematisieren. Es wühlen gerade ein paar Leute in Texten von mir aus den 50er Jahren, und das eigentlich Verblüffende ist dieser ungeheure Niveauabfall bei Texten, die ich in irgendeinem politischen Auftrag geschrieben habe. Das sind Illustrationen für künstlerische Korruption. Als Künstler ist man immer auch Opportunist. Ich hatte z. B. mal Schulden bei Paul Dessau, und der brauchte für ein Leninlied einen Text. Wenn ich den heute lese, sträuben sich meine Nackenhaare. Aber das war mir damals auch schon klar, daß der schlecht war, trotzdem ging das. Ich habe in der gleichen Zeit sehr gute Sachen geschrieben und solche absolut klischierten Dinge, die überhaupt nichts Persönliches enthalten. Wenn man das sehr oft und sehr lange macht – natürlich nicht nur wegen der Schulden –, hinterläßt das Spuren, die nicht mehr zu löschen sind. Aber ich hatte insofern Glück, daß ich bei den Stücken immer in Konfliktsituationen geriet und eher in der Wüste landete als im Theater. Ich bin heute noch ungeheuer dankbar für das Verbot der *Umsiedlerin*. Das hat mich vor vielem bewahrt. Das hat mir zwei, drei Jahre die Möglichkeit gegeben zu schweigen.

Wird der Antagonist, die Bürokratie, der Stachel im Fleisch als künstlerische Produktivkraft fehlen?

Sicherlich, das läßt sich heute noch gar nicht absehen, wie sehr. Brechts Gegnerschaft zu Hitler war der Impuls für seine ganze Emigrationszeit, mit dieser Gegnerschaft hat er die USA-Durststrecke überstanden, das war die Motivation für seine besten Arbeiten. Und hier hatten wir immer, auch im Theater diese schwarze Folie der Diktatur. Die ist jetzt weg, und jetzt steht das Theater im kalten Licht. Eine seltsam gegenläufige Beobachtung kann man allerdings im Augenblick machen. Ein halbes Jahr vor der berühmten Wende wurde im Berliner Ensemble *Germania Tod in Berlin* von Marquart inszeniert. Die Aufführung war sehr auf Textpräsentation abgestellt und verzichtete weitgehend auf Theatereffekte. Das DDR-Publikum ließ sie ziemlich kalt. Mit den historischen Ereignissen wurden die Theaterbesucher immer kälter, weil sie das Stück nur noch als Affirmation sehen konnten, und das interessierte die Leute nicht. Seit Westberliner und Westdeutsche hier massenhafter ins Theater gehen, ist das Stück ständig ausverkauft und großer Jubel zwischendurch und am Schluß. Sie verstehen das Stück offensichtlich völlig anders. Ein Schauspieler, der eine Szene mit dem Rücken zum Publikum zu spielen hat, beschrieb ein fast körperliches Gefühl des Zuhörens im Saal. Für das Westpublikum klingt das Stück wie ein goldenes Märchen, daß jemand mal solche Ideen gehabt haben kann. Und sie haben keine Abwehr dagegen, das ist was, was für sie überhaupt nicht mehr denkbar ist. Und hier gabs mal was, wo so was gedacht werden konnte. Das ist so eine Übergangsphase, wo es dem Theater mit solchen Stücken gut gehen kann, aber das wird nicht lange dauern. Die Theateraufführung, die hier am revolutionärsten wirkte, war eine mittelmäßige Inszenierung von *Wilhelm Tell* in Schwerin. Es gab fast einen Tumult im Zuschauerraum, das war im Oktober 1989 *das* Freiheitsdrama. Also, Schiller mit dieser Zitatensammlung ist der aktuellste Kabarettist zur Lage der Nation.

Apropos Schiller. »Bei Schiller weiß man wenigstens, wann Schluß ist«, haben Sie in Germania Tod in Berlin *geschrieben, hätten Sie das Szenario dieser Revolution zu beenden, wie wäre der Schluß?*

Ja, ich glaube, der Schluß ist die Angleichung der Währung und die deutsche Einheit und der Kampf um die Posten. Also, es gibt diesen schönen Hitlerchoral von Brecht: »Posten her, Posten her wenns / sein muß von der Konkurrenz!« Das ist eigentlich der Schluß. Und dann ist der nächste Schluß das Ende des *Hofmeisters* in der Brechtbearbeitung: »Und still im Stall stehn Ochs und Kuh und hören der großen Stille zu!« Das wäre die Zukunft. Und das muß ich sagen, die interessiert mich nicht sehr.

Dieses Interview führten Mitte Januar 1990 Gabriele Dietze und Otto Kallscheuer.

Dichtung an sich

Gespräch zwischen Johannes R. Becher und Gottfried Benn, geführt am 6. 3.1930 im Berliner Rundfunk

Benn: ... die Dichtung an sich, das ist vermutlich nicht Ihre These, Herr Becher, welche würden Sie, aus Ihrer Auffassung heraus, ihr gegenüberstellen?

Becher: Ich, von meinem Standpunkt aus, vertrete die These: Dichtung als Tendenz, und zwar als ganz bestimmte Tendenz.

Benn: Welche Tendenz, Herr Becher, wollen Sie mit Ihrer Dichtung vertreten?

Becher: Ich verfolge mit meiner Dichtung die Tendenz, die heute – meiner Ansicht nach – jede Dichtung aufweisen muß, die Anspruch darauf macht, eine lebendige Dichtung zu sein. Das heißt, eine Dichtung, die, in den entscheidenden Kräften dieser Zeit wurzelnd, ein wahres und geschlossenes Weltbild zu gestalten vermag. Ich diene mit meinen Dichtungen einzig und ausschließlich der geschichtlichen Bewegung, von deren Durchbruch in die Zukunft das Schicksal der gesamten Menschheit abhängt. Ich diene auch als Dichter dem Befreiungskampf des Proletariats.

Benn: Das ist noch etwas allgemein. Sie haben doch in Ihrer geistigen Entwicklung den Übergang vollzogen vom reinen Lyriker – also vom Dichter an sich – zum ausgesprochenen Tendenzdichter. Darf ich fragen: Wie sind Sie zu diesem Entwicklungsgang gekommen?

Becher: Es ist richtig. Auch ich habe an die Möglichkeit einer reinen Kunst geglaubt, denn ich habe an einen Geist geglaubt, der über den Wassern schwebt. Ich war demnach von der Souveränität und der Unabhängigkeit der Dichtung tief überzeugt. Bis ich eines Tages auf Grund von Erlebnissen und Erkenntnissen Einsicht bekam in den Klassenmechanismus, der die Geschichte des Menschen – und ganz besonders die heutige Geschichte der heutigen Menschen – beherrscht. Es ist selbstverständlich, daß mit dieser für mich zentralen Erkenntnis sich auch ein Umbruch in meiner Dichtung vollziehen mußte. Ich könnte sagen: Ich stieg in meiner Dichtung von dem Himmel zur Erde herab, ich hob das

Jenseits auch in meiner Dichtung auf. Ich erkannte, daß es nicht in erster Linie wichtig ist, welche Meinungen, welche Vorstellungen die Menschen über sich selbst haben, sondern daß es darauf ankommt, welche Funktion die Menschen in der Geschichte einnehmen, was die Menschen wirklich sind. Ich erkannte, daß der reine Dichter, der ich zu sein glaubte, in Wirklichkeit ein höchst unreiner Dichter war, ein Dichter einer bestimmten Klasse, der bürgerlichen Klasse. Mein Glauben an die reine Dichtung hatte sich als eine Fiktion erwiesen. Immer hatte ich, wenn auch noch so versteckt, Klasseninhalte gedichtet und die Tendenz bestand nicht nur in dem, was ich dichtete, sondern auch in dem, was ich nicht dichtete, was ich verschwieg. Und ich verschwieg damals in meiner ganzen Dichtung das, was ich heute ausspreche: Daß die Geschichte eine Geschichte von Klassenkämpfen ist.

Benn: Eine der glücklichsten Gaben an die Menschheit ist zweifellos ihr schlechtes Gedächtnis; es übersieht höchstens ein bis zwei Generationen, daher ihr Optimismus, ihr »ruchloser« Optimismus, wie ihn Nietzsche nennt, daher der Glaube jedes Zeitalters, Aufgang, Zenith und Gloriole des Entwicklungsprozesses zu sein. Ich bin überzeugt, daß mit den gleichen ideologischen Hypothesen, die Sie entwickeln, seinerzeit Tschingis Khan in China eingerückt ist. Ich meine damit: Die Weltgeschichte als Ganzes ist äußerst fragmentarisch. Eine Offenbarung der Weltvernunft, die Verwirklichung einer Idee, wie es Hegel aussprach, kann man nicht feststellen. Sie faßt etwas an und dann läßt sie es liegen; sie beginnt großartig und endet namenlos. Sie übersteht den Niagara, um in der Badewanne zu ertrinken, und die Hegel'sche Ansicht vom großen Mann als dem Geschäftsführer der Weltvernunft fällt auch ins Wasser; die Weltvernunft läßt ihn im Stich, der große Mann ist auf sich selber angewiesen. Soziale Bewegungen gab es von jeher. Die Klassenumschichtung war von jeher der eine Inhalt der Geschichte. Die unteren wollten immer hoch und die oberen wollten nicht herunter. Schaurige Welt, kapitalistische Welt, aber nach drei Jahrtausenden Geschichte darf man sich wohl dem Gedanken nähern, daß das alles weder gut noch böse ist, sondern rein phänomenal. Knechtschaft scheint ein Zwang der Schöpfung zu sein und Ausbeutung eine Funktion des Lebendigen. Nun: Dichtung und Politik. Betrachtet man die Geschichte und die soziale Bewegung, so kann die Frage, ob und wieweit die Dichtung sich mit ihnen zu befassen hat, überhaupt nicht auftauchen. Die politische Tendenz ist keine Tendenz der Dichtung, sondern eine Tendenz des Klassenkampfes, wenn sie sich in poetischer Form äußern will, ist das Zufall oder private Liebhaberei.

Heiner Müller, geboren 1929 in Eppendorf (Sachsen).

Frank M. Raddatz, geboren 1956 in Hannover, arbeitet als Dramaturg und freier Journalist in Köln und Hannover.

»Dem Terrorismus die Utopie entreißen« erschien zuerst in *Transatlantik* 1/90.
»Stirb schneller, Europa« erschien zuerst in *Transatlantik* 1/89.
»Da trinke ich lieber Benzin zum Frühstück« erschien zuerst in *Transatlantik* 2/89.
»Ich wünsche mir Brecht in der Peep-Show« erschien zuerst in *Transatlantik* 2/88.
»Plädoyer für den Widerspruch«, geschrieben Oktober 1989, erschien als Reaktion auf kritische Stellungnahmen zu Heiner Müllers Rede am 4. Oktober im Dezember 1989 im *Neuen Deutschland.*
»Dichtung an sich« ist entnommen einer Dokumentation des Tonprogramms im Raum 18 der Ausstellung »Berlin, Berlin« im Gropiusbau, Berlin 1987: ›Berliner Töne‹ Chansons, Reden und Reportagen aus Berlin 1900-1945, Redaktion Hanspeter Krüger und Hanns Zischler. Quelle: Deutsches Rundfunkarchiv.

Abbildungen auf den Seiten 4 und 5 von Axel Lenke.

Die Heiner-Müller-Ausgabe

GESCHICHTEN AUS DER PRODUKTION 1
Rotbuch 108. 160 Seiten, mit Abbildungen. DM 16

GESCHICHTEN AUS DER PRODUKTION 2
Rotbuch 126. 136 Seiten. DM 16

DIE UMSIEDLERIN
ODER DAS LEBEN AUF DEM LANDE
Rotbuch 134. 120 Seiten. DM 14

THEATER-ARBEIT
Rotbuch 142. 128 Seiten, mit Abbildungen. DM 16

GERMANIA TOD IN BERLIN
Rotbuch 176. 96 Seiten, mit Abbildungen. DM 10

MAUSER
Rotbuch 184. 104 Seiten, mit Abbildungen. DM 12

HERZSTÜCK
Rotbuch 270. 136 Seiten. DM 14

SHAKESPEARE FACTORY 1
Rotbuch 290. 256 Seiten. DM 22

SHAKESPEARE FACTORY 2
Rotbuch 291. 272 Seiten. DM 25

KOPIEN 1
Rotbuch 336. 144 Seiten. DM 18

KOPIEN 2
Rotbuch 337. 160 Seiten. DM 18

Deutsch/deutsches im Rotbuch Verlag
Eine Auswahl

Adolf Endler · Vorbildlich schleimlösend

Prenzlauer Wendekreise

Die durchgehende Alarmlosigkeit in Sachen Smog, durch welche sich die Hauptstadt vorteilhaft unterscheidet vom drübigen Berlin-Bruchstück, vom Berlin des Senats, darf uns, was wenigstens diesen Punkt betrifft, beruhigt einschlafen lassen ... *Am KuDamm fallen sie um wie die Fliegen.*
»Ein besseres Beispiel für Komik und Realismus und von entlarvender Güte von Literatur ist in der DDR wohl noch nicht verfaßt worden.«
Frankfurter Rundschau
208 Seiten. DM 34

Thomas Brasch · Vor den Vätern sterben die Söhne

Thomas Braschs »Brutale Märchen« (Basler Zeitung) über einen einsamen alten Mann, einen jungen Toten an der Mauer und über einen Arbeiter, der ein Jahr lang nicht mehr arbeiten mag, lesen sich heute wie ein Urtext dieser so überraschend schnellen und machtvollen »Novemberrevolution« in der DDR.
112 Seiten, DM 10, Rotbuch Taschenbuch 15

Wolfgang Kienast · Ende einer Weihnachtsfeier

»Suchen Sie hier mal einen uneigennützigen, perfekten Sozialisten, vielleicht finden Sie dieses Jahr noch einen. Den zeigen Sie mir dann, ich möchte so was auch mal sehen. Die Menschen arbeiten immer noch, um zu leben, nicht umgekehrt.« Nach vier Jahren Verbot in alten Zeiten ist nun dieser dichte und packende Krimi aus der Arbeitswelt der DDR wieder lieferbar.
194 Seiten, DM 14, Rotbuch Taschenbuch 10

Rainer Land (Hg.) · Das Umbaupapier (DDR)

Argumente gegen die Wiedervereinigung

Eine schonungslose Diagnose des administrativen Sozialismus, eine Suche nach einem Ausweg aus seiner Stagnation, der nicht in die Sackgasse eines neudeutschen Nationalismus führt.
192 Seiten, DM 15, Rotbuch Taschenbuch 20